老字號與活水

老字號與活水

老字號與活水

二十個在傳承中最重要的小事

蔡怡芬、莊子沅、佐渡守、陳承佑——著

推薦序

「傳統」不等於「舊」！

有人說「台灣最美的風景是人」，台灣街頭巷弄裡，充滿了文化傳承與創新之美，許多小角落都有默默耕耘的職人，而風華逾百年的伏櫪老店，更有著三代一脈的堅持，才能成為台灣唯一僅存。

這本《老字號與活水》收納的故事，無論是竹作職人、紙雕大師、總舖師、茶人，或是迪化街的百年燈籠老店，他們都是城市裡的微光，並且認真生活，分享喜悅，讓台灣自古以來的價值與意義得以傳承。其中不乏安聯人壽的老朋友，像是過去曾與安聯一起透過藝術療育合聲方式推動八八災區兒童心理重建，一生致力於「傳承母語和鄒族文化」的國際女高音梁芬美老師，以及長期與安聯並肩宣導失智防治的天主教失智老人基金會執行長暨前永和耕莘醫院院長鄧世雄醫師。透過作者的觀察與文字敘述，讓我們看見這塊土地上許多努力的人，他們日日夜夜、歲歲年年以敬慎的態度勤勉生活著，以雙手打造屬於台灣在地化的傳統藝術及文化創意！

生活與文化是社會的根本，懷抱對老文化的珍惜，職人精神的傳承與發揚，這個地方、乃至於一個產業才能在薪火相傳中，源源不絕地發展下去。正如同傳承德國安聯集團一百二十五年的歷史，經歷了許多挑戰與危機考驗，包含兩次世界大戰後的大蕭條、二〇〇八年的金融海嘯、低利率環境及歐債危機，不但都能安然度過，更化危機為轉機，並以「傳承與創新」的品牌精神為主要概念，從培育英才、產業創新、客戶導向及社會公益等面向，傾注企業資源投入、帶動產業發展，並將其延續到台灣市場，持續深耕發展，才能讓雙十年華的台灣安聯人壽，有如百年老店裡的新活水，積極落實與台灣這片土地共好共榮的新願景。

「永續」向來都是安聯集團重視的企業社會責任理念與指標，而安聯人壽在台灣立業二十年了，這些年來，台灣壽險產業也面臨重大改革，從巔峰時期的三十三家至近期碩果僅存的二十三至二十四家，因此能夠有今天為開業二十年慶祝，是我們的驕傲，而且是經過我們所有伙伴的努力，把安聯人壽變得更強壯所得來的成果。

我相信，即使在競爭洪流的衝擊下，職人的處世哲學與價值，仍然是我們安身立命的精神；儘管書中描繪的二十位職人他們身處不同行業，但以「始終堅守」的意志，向世人證明歷史及傳統不是包袱，只要注入新元素為產業活水，歲月的歷練也可以蛻變成絕代風華，繼續引領風騷，更期盼以這些故事為社會帶來更多正面向上的能量。

安聯人壽總經理　**林順才**

推薦序

從職人精神到文化產業

最近這些年，因為科技與資訊的進展，再加上全球化的大資金與大規模生產影響，所有東西都愈來愈便宜，功能也愈來愈多，在典範快速轉移之下，許多產品，甚至許多行業都不斷地消失。

當然，同時也有很多事物以創新之名不斷出現，在免費又無遠弗屆的網路推波助瀾之下，許多搞怪，玩創意，希望一夕成名的速食文化也成為社會主流，一切東西朝向短小輕薄式的速成，每個人都慌慌張張過日子，也忘了如何安心地好好做自己的工作。

幸好這本書《老字號與活水》當中的職人精神，帶給我們希望與信心，知道在這一切重當下利潤的商品銷售主流裡，還是有人在百年時光之中堅持，沉澱出文化的厚度。

是的，這種職人精神是文化產業的源頭，而不是現在整個社會喊得震天響的文化創意產業，仍只著眼於台灣產業向來的規模與量產迷思，也誤以為玩些表面設計就是文化創意，卻忘了所謂文化就是生活，是一群人住在同一個地方，長期累積出的共同情感與共同價值觀。

為什麼文化產業最貼近人的幸福感？因為這些物品不只是提供我們在日常生活使用，它們還可以撫慰我們的心靈，因為裡面有我們與先人共同的記憶。

這種透過老字號產品所連結的社會共同回憶，已不單單只是個商品，它們還會是整個社會共同的資產。常會覺得歐洲人臉上似乎比許多新興發展社會的人民，有更多的從容與自在，是不是他們生活的空間，與他們小時候、父親輩、祖父輩都還是一樣，日常所使用的東西也都是老品牌，那種確切持續存在並延續的歷史感，讓每個人當下的生活也更篤定、更有自信。

其實我也發現，這些職人手做、有溫度的老字號，或許在過去是被忽略甚至輕視的行業，反而在現代有了無可取代的時代意義，而這些技術也不只是流汗勉強求得溫飽的老功夫，而是一種活生生的文化傳承。

不過如何吸引年輕人的參與，在保存老傳統的基礎上，能夠有一些創新的商業模式，以及透過網路等等新媒體行銷，找到兼顧理想以及現實的生存條件，也都是新的挑戰。

這二十個富含職人精神的故事，相信可以給現代每個想從事文化創意產業的年輕人了解，要做出獨特品牌，除了掌握製造、研發與服務能力外，是不是更要創造出價值與意義。因為感動人心，會引起人共鳴的事物，不是我們表面看到的有形物品，而是來自於物品背後那種精神與心意。

李偉文（作家、牙醫、環保工作者）

contents 目錄

002 推薦序——林順才
「傳統」不等於「舊」！
004 推薦序——李偉文
從職人精神到文化產業
010 辦桌世家的活字典——
總舖師林明燦
022 茶的文藝復興運動——
「有記名茶」王聖鈞
036 點點微光照亮大稻埕——
「老綿成燈籠」張美美

048 膠卷下的台灣電影放映史——
台灣放映師第一把交椅江泰暾

060 混搭傳統與前衛——
世界百大攝影家謝春德

074 從電視電影到Q place——
戲劇工作者王小棣

084 以聲樂揚名國際，返鄉回饋部落——
歌唱大使梁芬美

098 雕剪生命的美麗輪廓——
紙藝大師洪新富

110 染亮生活的溫煦質地——
三峽藍染王淑宜

124 傾注畢生心力灌溉織品服裝教育——「輔仁大學織品服裝學系創辦人」羅麥瑞修女
136 專走別人不走的路——「天主教失智老人基金會執行長」鄧世雄
148 以榻榻米鋪展美好時光——「泉興榻榻米」李宗勳
160 裊裊清香飄進凡常人生——「吳萬春香行」吳烟村
172 府城米香傳三代——「富盛號碗粿」吳炫輝
184 重拾手作竹器美學——「萬先蒸籠店」黃重慶

196 鼓鳴之前，先沉得住心——製鼓師傅張吉祥
208 戲台上的文化守成——「高雄皮影戲劇團」陳政宏
220 將台灣紅磚砌上國際建築舞台——砌磚冠軍粘錦成
232 保險界的福爾摩斯——「安聯人壽」管理部副理熊維強
240 超越金錢的溫情傳遞——「安聯人壽」南區副總經理陳展貴

HELLMANN'S
Lipton

辦桌世家的活字典

總舖師

林明燦

五十多歲的林明燦，父親就是綽號「囡仔師」的國寶級總舖師林添盛。跟在父親身邊學了十六年，林明燦才真正出師。綽號「辦桌活字典」的他，腦中裝滿各種台灣古早味和相關習俗典故，連賣座電影《總舖師》導演陳玉勳，為了田野調查，也特別來找他喝茶抬槓，只為讓電影故事更精采！

林明燦皮膚黝黑、個子不高，射手座的他開朗熱情，聊起自己有問必答，相當坦率。和他初見面這天，我們相約在台北市建國南路高架橋下的環保局。佇立於飄著蔬果發酵味道的垃圾車旁，八張桌子早已一字攤開，等待一陣大火快煮、小火慢炊後，豐盛饗宴於焉到來。為了準備這八桌食物，林明燦清晨五點就帶著團隊來現場準備，這一忙就是八、九個小時。為了止飢，他還煮了一大鍋油麵給隨行阿姨和小工果腹，而止渴的飲料，就是隨手在鋁製臉盆撒下的一把茶葉，再灌入冷水製作的冷泡茶。

十年磨一劍，苦練辦桌絕技

台灣辦桌活動的歷史可以追溯到清朝。當時只有富貴人家能邀請廚師到家中料理筵席菜肴。日治時期，除了酒樓業者承攬到府設筵的業務外，農村地區也開始出現目前的辦桌活動，但尚未專業化。現代辦桌文化，約在一九七〇年代興起，至一九八〇年代鼎盛。林明燦就是在那全盛時期，一步步踏上辦桌之路。擁有名聲響亮的父親，林明燦從小耳濡目染之下，國中就開始接觸辦桌。「我喜歡玩，週末不用上學，就跑去我爸身邊幫忙。」但那時只能當學徒，做一些洗菜、端菜、打桌、搭棚等基礎工作，但這段回憶相當愉快。「因為就像在玩啊！又有得吃，實在太開心了。」原來以前辦桌，主人最後都會把菜尾飯加熱，請做菜師傅、阿姨享用。這是古早禮數，也是濃濃的台灣人情味，更讓林明燦童年多了許多回味無窮的歡樂畫面。

上圖：林明燦童年照；在田埂間玩耍跑跳是最快樂的孩提時光。（林明燦提供）

下圖：小時候的林明燦與爸爸（位於副駕駛座）及家人一同搭車外出。（林明燦提供）

林明燦十七歲就到三陽機車公司上班，從事摩托車電器保養，當兵三年退伍後，又到兄弟飯店台菜部當了九個月的學徒。記得那時兄弟象棒球隊剛成立，他常在飯店內目睹偶像球員的風采，可說是一段美好時光。直到後來父親出了車禍，小腿開放性骨折，林明燦才離開工作崗位，回到家裡幫忙。當時是民國七十一年，也是他從頭學起的一年。據他描述，林添盛是傳統父親，嚴格又不多話，唯一掛在嘴上的就是：「看一次就要記到死！」這句話說明了林明燦踏上總鋪師舞台的唯一道途：多看、多學、用心記。

一切砍掉重練！林明燦重新學習洗菜、端菜、切菜、顧蒸籠。六年過去，手上終於多了一把菜刀，但還是沒有任何做菜機會，只因父親覺得他還有很多進步空間。就這樣持續磨練，林明燦直到三十六歲才開始正式煮菜。但這之前，他已經跟在很多師父身旁觀摩，訣竅早就通透，工序也了然於心，只是父親一直不肯讓他上場。這樣的嚴師，造就了眼觀四面耳聽八方、事必躬親的高徒。「我爸吃我煮的菜，沒講話就代表過關，會批評就是有待改進。他不會特別誇讚。只會指出我的缺失。」

堅持「古早味」，讓傳統更飄香

林明燦說他父親一直保存當年師父送的工具，那是黑鐵鍛鑄的大小菜刀，早成了他們家的傳家之寶。現在，林明燦不但妥善收藏這些寶物，還傳承父親一甲子的辦桌經驗。他重視古禮、祖制，配合不同時機，有其相對應的菜單和儀式，包括碗筷桌椅的擺設，皆要按照一定規矩和禮數。早年的總舖師一個人負責開單與炊事，就連備菜和桌椅都要自己張羅，十八般武藝樣樣精通。甚至前一晚就得到辦桌地點準備，餐風露宿是家常便飯。第二天更要從早忙到晚，工資是半隻雞、鴨或豬肉，直到社會風氣改變，才改金錢支付。林明燦補充，如果現場沒有排水的地方，他們還要動手挖臨時水溝、製作水槽，免得排水不良，淹到客人的腳目。

父親在世時，除了要求林明燦熟記每道菜的功夫和味道，也要他了解背後典故，才不會在喜宴中上了觸霉頭的菜肴。這是他把古早味全部裝在腦子裡的原因，他笑說至少裝了百道菜以上，都是幾十年來淬鍊的知識，因此便有了「辦桌活字典」的封號。

長達四十年辦桌歲月，林明燦曾主掌由父親發展出來的「十二生肖宴」，受邀於台灣美食展大露身手，指導中餐烹調更深受學生喜愛。他虛心表示，「用心是唯一的訣竅」，當然，這包括小小的心機。譬如看其他前輩煮菜，他會故意去菜裡加料，如果加錯了，就會遭到阻止，告訴他正確方法，而做好了菜也會請別人來吃，故意稱這道菜他吃不準，懇求前輩幫忙嚐嚐看；以這種間接方式，林明燦得到正確的烹調技巧。他笑笑地說：「當我爸看見我在旁邊看，他也會故意把做菜動作放慢，讓我慢慢學。」這是東方師父鋒芒不外露的傳承指導，讓徒弟悶著頭學，用心把一切記下。

林明燦謙虛說道，就算已經出師，還是有很多新事物要學。「包括新的食材和新的做菜觀念，別人會的自己不會，就永遠有學不完的菜肴。」但他也有很多堅持，尤其是對古早味的信仰；林明燦信誓旦旦地表示，古早味一定要傳承下去，這是他的使命。

然而什麼是古早味？就是保持食物的原味。若要另外加辛香料，一定要有紅蔥酥、薑、辣椒、燒蔥（蔥蒜炸成金黃色）、金鉤蝦，還要適時用中藥食材提味，譬如當歸、枸杞、黑棗、肉桂、甘草等等。此外他更堅持用豬油拌炒，這樣才會饒富香氣。而主要菜色有佛跳牆、布袋雞、龍蝦沙拉、烏魚子、鮑魚、肝爬（豬肝已經改成鮪魚）、蹄膀。身為「辦桌活字典」的林明燦，隨口就能說出「雞捲裡沒有雞肉」的典故：「以前辦流水席，客人源源不絕，最後沒菜了，師傅就把剩下食材『捲』來做新菜，將高麗菜絲、豬肉絲加上辛香料佐味，再用豬網油包起來炸，最後切成塊狀，這些就是『多捲』出來的雞捲（雞捲閩南語諧音）。」如今台菜餐廳的經典菜「客家小炒」，也是惜物產生的菜肴。從前拜拜完，客家人會把牲禮如豬肉、魷魚、豆干切成條狀來炸，加上香料一炒，就變成讓人食指大動的客家小炒了。

問林明燦為什麼堅持古早味？他語重心長地說，希望能讓年輕人吃到真正的辦桌精髓：「那是傳統的滋味，揮之不去的台灣歷史。」除了食物之外，還有賓主盡歡的辦桌精神，也是他相當執著的事，「我辦得多好沒用，主人出多少錢沒用，客人高興才重要。」

世代傳承永續經營，分享技藝不藏私

古早人請客的奧義，要客人滿意才是好，主人說的不算數，所以辦桌菜一定要大碗，因為

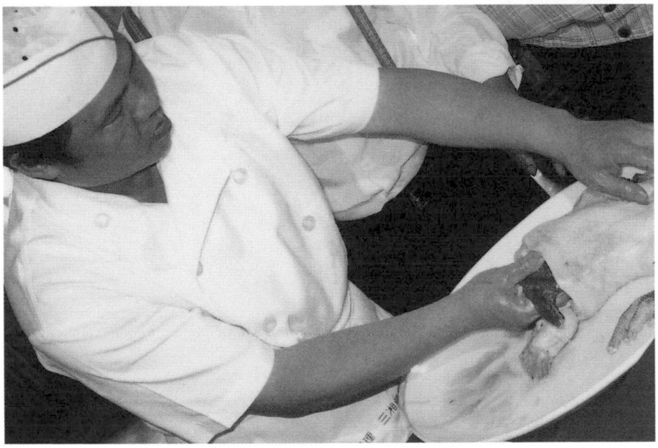

上圖：十多年前林明燦（左一）和父親（正中）一起合作辦桌。（林明燦提供）

下圖：林明燦料理知名辦桌菜肴「雞仔豬肚鱉」，把鱉肉塞進掏空的雞身之中。（林明燦提供）

吃不夠會遭嫌棄，尤其吃不下還可以打包，這才彰顯主人的豪氣和禮數。但現在台灣南部的辦桌文化已和傳統大相逕庭，多了火鍋、三杯調味以及燒烤類，和一般餐廳沒什麼兩樣，雖然新穎，卻是亂無章法。面對無法阻擋的變革，林明燦不太認同，只能客套表示吃過大江南北，還是覺得傳統最美味，譬如鮑魚一定要切片，佛跳牆就是要把芋頭煮散，而非加勾芡魚目混珠。

林明燦笑說自己個性好動、喜歡到處亂跑，而隨地辦桌的模式完全符合他的個性，所以他真的相當樂在工作，時常從早忙到半夜才回家。由於每天工作的地方都不固定，禮堂、活動中心、公園、結婚廣場、廟會……處處都能見到林明燦的身影，最遠還曾受台商之邀至曼谷的都實飯店辦桌。為了賓主盡歡，他從台灣帶了一堆食材過去，再到當地市場尋找其他材料，剩下的時間都在廚房忙碌，甚至忘了自己身在泰國。除此之外，他也曾在實踐大學的頂樓做菜，當時是夏天，很快就下起傾盆大雨，忙著做菜的他全身濕透，卻堅持食物一定要又香又鮮美。

所謂「家財萬貫三頓飯」，國小就會抓青蛙、泥鰍煮來吃的林明燦坦言，平時最喜歡吃陽春麵，加一點油蔥和肉燥就夠了，此外豬油拌飯也不賴，「可能在外頭面對太多大魚大肉，我在家都不煮，肚子餓寧願吃泡麵。」

現在飯店、餐廳林立，夏天也愈來愈熱，加上少子化讓年輕人口遞減，投入辦桌的師傅愈來愈少，所以這十五年以來，辦桌文化逐漸沒落，雖然南部還是多於北部，但也凋零許多。大環境的變遷讓林明燦有些焦慮，他不斷強調自己很想將一手技藝傳承下去，由於家裡的孩子都缺乏接班意願，所以他樂於往外分享，一點也不藏私。當聲名遠播，很多人也前來採訪，不少

HELLMANNS
Lipton

傳播系、餐飲系的學生都紛紛向他請益，還拿攝影機記錄下來，甚至有學生跟他四處辦桌持續半年；看到年輕人對於傳統也有不肯放棄的堅持，這讓林明燦十分有成就感。

「人能做到喜歡的工作是最快樂的，能吃到想吃的食物是幸福的；對我而言；當廚師良心遠比廚藝更重要。」說到兩年前的賣座電影《總舖師》，他的眼睛再次亮了起來，「電影有很多片段，都是我爸爸的故事。譬如切魚丸要切到沒有怨氣，魚丸才會好吃。」而堆滿各式獎座、獎牌的家裡，牆上一角則掛著父親的彩色照片。對這個繼承衣缽的兒子來說，記憶是最珍貴的資產，能看見腦袋裡的寶藏，變成他人生命的養分，一再地流傳下去，就是他最開心也最想努力完成的事。（文／蔡怡芬）

最重要的小事 × 林明燦

做任何事不要只想獲得稱讚，看到自己的缺點才有進步的動力；總歸還是那句老話：多看、多學、用心記！

茶的文藝復興運動

有記名茶

王聖鈞

帶著兜遊古城的心情，倘若你有此機緣來到台北市重慶北路，途經朝陽茶葉公園時，建議不妨下馬尋香。從公園一旁拐進六十四巷，首先會嗅聞到一股百多年前便氤氳至今的清馨，若再循香前行，眼前聳立的是一幢藤蔓迤邐的閩式紅磚建築。如果有幸，或許還會有一位彷彿從傳統畫報裡走出，矜著微笑、身著唐裝的年輕男子，佇候你多時。

他雙手交握、親切招呼，將帶你走進時光隧道，一探大稻埕這部茶史與近代史交揉的歲月榮光……

這爿百年鋪家叫做「有記名茶」；這名年輕人，就是有記的第五代傳人，王聖鈞。

聖鈞從一出生還尚未開眼，聞到的第一抹味道，就是茶香。與他父親王連源、祖父王澄清童年所聞到的一樣，瀰漫在老茶廠裡馥郁的香味。

這座老茶廠的前段，在祖父輩繼承家業之後、尚未開放零售之前，曾堆滿了等候上船出港的木箱。箱上烙有「有記」二字，箱外包覆竹編，這樣的視覺記憶，如今已成了有記營銷百年的圖騰印記。

王聖鈞從小就常在這些木箱之間騎腳踏車、打球、玩捉迷藏。祖父的辦公桌曾是父親的書桌，之後也成了王聖鈞遊戲、閱讀的所在。他生活所見、所呼吸、所聽聞祖父輩談起的，全都是茶，茶已經深深融入他的骨血之中，這或許也是聖鈞雖然年紀輕輕，卻給人一股擁有老靈魂般沉穩的原因吧！

步入茶廠一樓後端，從明亮轉進幽微的焙茶間，帶著些許陰涼。被茶與炭薰香百年的牆壁，令人有時空錯置之感。這裡仍保留著四十一個傳統炭火焙茶的焙籠與焙坑，即便精通此道的耆老皆已日漸凋零，但有記如今還有兩位老師傅遵循這門獨到古法，讓茶廠的老巷至今仍維持百年來日日飄逸的芬芳。

焙火悶燒可高達三百多度，每個焙洞需要六十公斤炭才能填滿，炭上覆蓋燒熱成灰的粗糠，粗糠向下導熱，便能將碎炭持續悶燒長達兩三個禮拜。想焙製紅茶、綠茶或烏龍茶，焙火時間的掌握與維持熱度的穩定是不簡單的技術，需要老經驗的專人來照顧。由於焙茶間十分悶熱，許多傳統老工具甚至重達數十斤，所以過去每個精製茶廠的老師傅，可說都是打赤膊的練

右圖：「有記名茶」第三代掌門人王澄清，年紀輕輕即來台扎下茶行根基。（王聖鈞提供）

左圖：王聖鈞的父親，「有記名茶」第四代王連源童年照。（王聖鈞提供）

家子。

有記名茶是台北市登記為第五號的茶廠，門口還有官府頒發鐫有「0005」號的登記許可，發跡相當早。同時它也是目前少數仍領有製茶執照的工廠，這幢百年歷史的紅磚建物也維護得相當完整，儼然是座茶業博物館。

這一大片家業，可說都是聖鈞阿公從年輕時就辛辛苦苦一手奠下。當年涉世未深的第三代掌門王澄清，年紀輕輕就獨自面對大稻埕這座當時最浮華的時代洪爐，實在需要莫大勇氣。

大稻埕盛世，茶商「喊水會結凍」

因此想了解有記名茶，就不得不提大稻埕的發展史。

大稻埕位於台北城北，本為無人居住的一塊大型曬穀場，卻因艋舺一場著名械鬥「頂下郊拚」，意外地發展起來。當時安溪信仰中心（霞海城隍原址）甚至被波及燒毀，受艋舺地方勢力所排擠的落難者紛紛轉往大稻埕避居，移址重建的霞海城隍也才有了現今風貌。

今日的大稻埕給人印象最深刻的是迪化街，以及每年農曆年終熱鬧非凡的年貨大街。然而在南北雜貨、中藥、布莊林立之前，千秋、建昌二街（今貴德街）的茶商早已能左右政經，可說是「喊水會結凍」。劉銘傳治台時期，有「北茶南糖」的說法，台北甚至勝過台南，成為台灣第一大城。大稻埕貴為台北「金融中心」，地位有如當年的上海灘、今日的信義特區，洋風鼎盛，商機蓬勃。戰時甚至因「茶的庇護」，令大稻埕始終能倖免於難。

為什麼茶在台灣近代史上，會有如此舉足輕重的地位？

從聖鈞父親王連源口中得知，當時好的茶樹種叫「青心烏龍」（又稱「軟枝烏龍」），種在台灣特別清香，於北部俗稱「種仔茶」，這結果很快衝擊到福建茶業，進而吸引茶商紛至台灣設廠，聘用廈門師、福州師跨海來台製茶。他們多用兩張方形薄紙將種仔茶包裝成四兩，然後外銷出去，就是如今遠近馳名的「包種」由來。西元一八六九年台灣史上出現第一次茶葉外銷紀錄，台灣烏龍茶從大稻埕加工後由淡水河出港，銷至紐約，從此打響「FORMOSA TEA」的名號。隨後陸續有世界各地的洋行聚集在大稻埕進行茶葉貿易，極盛時這裡也有數百家茶行。因洋行、領事館的林立，更庇護大稻埕免於近代史上紛紛擾擾的戰火摧殘。

在日治時期前二十年，從大稻埕出口的茶葉占台灣貿易產值一半以上，最高可達七成，盛況有如今日的電子業。板橋林家、台泥辜振甫和新光吳火獅等人，都曾從事茶業，辜、吳還曾為北市茶商公會會員。此外在大稻埕也存有一座法主公廟，坐落於二二八事發地的對面，成為茶商守護神，被奉為大稻埕三大廟之一。另外這裡也是台南幫、義美、功學社、旺旺等知名企業的發跡地，而有「台灣國父」之稱的蔣渭水，當年創立的大安醫院也坐落於此。

因而綜觀台灣茶史，宛如就是一部近代史，也是天（時代巨輪）、地（大稻埕）、人（茶商）缺一不可的歷史組合。有記名茶就是在這樣的時空背景下創立，它不但見證了台灣昔日風華；千帆過盡之後，大稻埕這部歷史教科書，也因有了至今仍堅守崗位的有記，成為依然運轉不息的活教材。

從泰國到台灣，背離傳統的創新之舉

大稻埕茶商多數來自鐵觀音的故鄉——福建安溪嶢陽，與有記王家皆是同鄉。在近代亂世裡，早年家鄉的土匪多，不少安溪人往南洋發展。有記名茶的第一代先祖王敬輝，就於西元一八九〇年創建有記於福建廈門，以外銷為主。第二代掌門王孝謹更於光緒年間赴泰國發展，在曼谷創立海外分行，當地民眾多買茶葉敬獻出家人，此外也有不少華人前來購茶，有記銷售安溪茶與台灣茶，盛時可達全泰國市占率的五成。

西元一九〇七年，王孝謹亦跟隨潮流來到台灣設廠，在二戰前的一九三六年，命第三代年僅十七歲的王澄清正式落腳大稻埕，將茶農送來的毛茶精製，再外銷至泰國，賣給留在當地的父親。

根據王聖鈞的爸爸，也就是有記第四代傳人王連源回憶：「小時候從中山北路沿著民生西路走回家，聞到的都是茶香與花香，因為這裡也做薰花的包種茶外銷，幾乎台灣北部包括桃竹苗的毛茶都送到這邊來。」當時每天都有四十多個女工在有記二樓撿茶，聽起來毛茶精製似乎並不複雜，但王澄清當年光是將幾個茶農送來的毛茶分級就要花去一整天時間。

王聖鈞也補充：「大稻埕改變很大，但印象中，家門口那一大片房子拆建成朝陽公園之

早年每天都有四十多個女工在有記二樓撿茶（如上圖），光是將幾個茶農送來的毛茶分級就要花去一整天時間。（王聖鈞提供）

前，過去是將茶農介紹給茶廠的捐客所居住的家屋。」無須經手貨物，單靠三寸之舌仲介便可自成家業，甚至還能在茶廠門口聚落成社區，可見當年有記經營的規模之大。

那年代的社會氛圍，光是大稻埕過去的圓環四周，就有大大小小數十間酒家，堪稱是個不夜城，據老一輩的說法表示：「每天看高衩旗袍露大腿，看到眼睛都快脫窗了。」街上車水馬龍人聲鼎沸，出入酒家的無不有頭有臉的富商巨賈、政治人物，聖鈞年輕的阿公不被拉去見世面，實在難上加難。

然而聖鈞卻說，阿公完全是逆勢而為，從不進酒家。在他口中，阿公的個性嚴肅，那時最知名的「江山樓」，乃至後來的「黑美人」等名流聚集的藝旦間，他都不曾涉足「開番」；即便有人來做媒，也不願如其他富商廣納三妻四妾，更拒鴉片於千里之外。聖鈞手中慢條斯理地沖茶，一邊淡然表示：「大概碰巧我們家族個性特別『無聊』，沒人會去風花雪月。敢去的話，應該會被我阿祖打死吧！」

說到「打死」兩個字，聖鈞表情依舊淡然。在過去，茶商具有影響政經的地位，參與國家大事所在多有，他笑說：「大概官員想要『喬外匯存底』，就要進我家裡來談。」難能可貴的是，阿公雖然不靠喝酒交際搏感情，卻對茶農重情重義，每回總是留下茶農一起吃飯，如今坪林老一輩的居民，沒有人不記得王澄清。

不虛華、不強求，王澄清將這樣的處世態度，傳給第四代的王連源。他並不勉強兒子繼承家業，王連源大學念的是商學院，原本在企業上班，二十六歲時因王澄清跌跤需長期復健，王連源見父親一生都兢兢業業奉獻給茶葉，他遂自覺有責任回來扛起這塊招牌，於是毅然辭職，重新面對龐大家業。

聖鈞坦言阿公十分開明（爸爸也是一樣），任何事都會放手讓年輕人做主。年輕的王連源想法很新穎，民國六〇年代多重因素造成茶行外移，遂開始轉攻內銷市場，他不但於六十六年在天南電台《歡樂今宵》節目打廣告，還自己開著廣告車街頭巷尾做宣傳，這在當年都是背離傳統的創新之舉，有些老客人如今都還記得這些事跡，因為過去坊間根本見都沒見過，也不會有人把錢花在這上頭。

等到民國九十三年，當市售瓶裝茶都已靠包裝與廣告大發利市，王連源卻又反其道而行，不把錢砸在宣傳上，而是大幅整修茶廠，致力推廣茶文化。除了保留舊有傳統製茶設備，有記二樓的「清源堂」也闢為藝文空間，想來是第三代與第四代各取一字，有承先啟後之意，卻也讓人想起這兩代人同樣不與世俗同流、擇善固執的相似脾性。

王連源的作法，也吸引文史工作者莊永明、葉倫會等老師定期帶領導覽活動，將有記名茶介紹給普羅大眾，藉以了解大稻埕風光一時的台灣茶文化。

清源堂內文物眾多。例如過去曾下過南洋的泰文包裝、以往用來計算工資的「茶籌」。牆上還掛滿各式各樣的南管樂器，其中令人意外地，竟還有一把水管製的簫，隨興至極。

這倒讓人不禁聯想聖鈞話中的深意。他說：「水管簫是生活的；茶，也是生活的。」在有記，不需繁複的茶具做態，也不將茶藝術化到令人難以親近，品質好比較重要，為了開高價而

講究形式，實無此必要，這不是有記的風格。茶，雖是柴米油鹽醬醋茶中，唯一與文人雅士沾上邊的，然而茶列上述七宗開門要事，過去以來就是日常生活飲品，上自達官貴人，下至販夫走卒，有記一視同仁。

這樣的態度也反映在對價格誠信的堅持。有記遠從還沒有消保法、公平交易法之前，就已被昔日公家頒發「價不二」的匾額。聖鈞說：「王家沒有祖訓，硬要提到家族理念，那就是誠信。」價格相對應於品質，消費者無須顧慮自己是否懂茶，買茶不用擔心被騙；因為「名茶」二字的清香，不用虛名來造作。

第五代長出新翅膀，帶年輕人品味茶的芬芳

有記百年歷史的傳承，從大陸到南洋，最後落腳台灣；從外銷到批發零售，最後致力茶文化保存。如今第四代的王連源已交棒給年輕人，由第五代的聖鈞姊弟負責經營。

「有記名茶」第五代王聖鈞，企圖重啟「茶的文藝復興運動」。

有記名茶，將會在第五代手中活出什麼光景呢？

「傻的才留在這邊。」聖鈞對著窗外，用手指畫出一道虛線。他說，過去那些鎮日泡在江山樓、黑美人的同行都不做茶了。台灣茶從盛極而衰，曾經很多茶行整天看不到一個客人，最後子孫將茶廠拆毀，把地賣給建商蓋大樓，還夠吃好幾代。

然而回過頭來想，將祖業變賣後賺再多的錢，也留不住祖先的一磚一瓦。無形的文化財在不肖子孫手中也只能一去不復返。這是時代變遷下，不可逆的殘酷事實。

傻的人，才有心堅持做可貴的事情。

「附近像我們這樣的建築，大都被列為歷史古蹟，明文規定不能拆，屋主半夜偷拆也是有的。但我父親有個想法，他不希望這東西在他手上凋零，而我也是這麼想的。」聖鈞說，他自己本身的興趣其實是運動，高中愛打曲棍球，如果不是為了守護這流傳百年的茶文化，他的夢想是當機師，在天空中翱翔。

事實是，聖鈞早在有記這塊百年老招牌底下，找到一雙屬於他的新翅膀——近年由於健康概念興起，茶飲似乎已然有股暖流上升的趨勢，有記將在第五代手中，重新啟動第二次「茶的文藝復興運動」。新生代的有記傳人，現階段不但規畫「飲JOY」鎖定年輕族群（以新包裝、新的溝通語彙、新的行銷模式來推廣傳統天然、無人工添加的茶飲），並在全國百貨公司廣設專櫃，未來更將再度反攻外銷市場，目前已積極參加國際展擬拓銷海外。

乘風昂揚吧！請讓有記名茶的風骨與清芬，繼續香傳一百年。（文／佐渡守）

最重要的小事 × 王聖鈞

不與世俗合流、不為利益左右；隨時代洞見當下社會所需，讓傳統呈現多元面貌，有時候「擇善固執」絕對是必要的。

走逛趣

有記名茶

地址：台北市重慶北路二段六十四巷二十六號

電話：（02）2555-9164

營業時間：週一至週六09:00~20:30

點點微光照亮大稻埕

老綿成燈籠

張美美

如果說電燈的發明，是加速文明進步的特快車；那麼電燈的普及，也可說是催促傳統燈籠從民家門楣謝幕的推手。辛棄疾〈元夕〉裡「東風夜放花千樹」的焰火流光、繽紛燈景，如今都已成美麗的傳說，當代社會難再現，我們只能在午夜夢迴「尋他千百度」。而難能可貴的是，台灣卻有一家百年字號的「老綿成燈籠」，它的第三代傳人張美美仍信奉著祖父與父親傳給她的好手藝，在迪化街北的「燈火闌珊處」傳承那盞溫暖的、頑固不滅的古老微光。

從出生到現在，已經在迪化街度過一甲子歲月的張美美，就像生了根一般，從未離開過這家老鋪。與南街的中藥鋪、中街的南北雜貨大相逕庭，北街這裡多的是古早味生活百貨。桶店、竹器、農具、傳統五金……一家又一家老店紛呈林立，而「老綿成燈籠」也坐落其間。在過去，老綿成可是當地名號響亮的商家。

百年燈籠店，緣起製造「金銀紙」

張美美的阿公是清末人，阿爸是民初人，如果兩人還健在，都各自一百多歲了。談起自己未曾見過的阿公，張美美只知道他是從大龍峒過來的；而阿嬤則是阿祖用扁擔自竹南沿著鐵路挑上台北。她說，在劉銘傳興造鐵路還未開通之時，有許多住在竹南的鄉民會循著鐵軌大舉步行遷至大稻埕，原因為何已不可考。「我曾經搭乘火車一邊想像，天啊！這一路多麼遙遠，帶著妻小與鍋碗瓢盆一堆家當，如此翻山越嶺、長途跋涉，要走上多少天才能抵達？」張美美直呼為了尋求更好的生活，先人的毅力真讓人難以想像。

在當年遍地是金的大稻埕，可說是庶民社會的典型代表。據說張美美的阿公與阿嬤年輕時在大稻埕認識，由於家境都不算太好，阿公到處尋找謀生的行當，做過茶行勞務、打過棉被、賣過竹器，但覺得一直當人家雇工也不是長久之計，最後他在迪化街鼎盛的廟會找到靈感，發現「金銀紙」這個行業有利可圖，於是決定自行創業，成為金銀紙製造商。

張美美坦言，製作金銀紙非常重手工，不過那時農業社會已開始悄悄轉變，許多人從鄉村到都市尋找出路，什麼工都願意做，所以店內並不缺人手。除了店裡聘用工人之外，許多人也會在家進行代工，她說：「我們這裡一整片幾乎家家戶戶都會做金紙。」出門見街坊鄰居手上染得紅紅黃黃走在路旁，是再尋常不過的事。

張美美笑稱當年做金銀紙代工，手腳必須非常麻利，否則很難「賺吃」！「速度最快的那位阿嬤最近才往生，她八、九歲就到我們家了，名叫阿素，但我老母都叫她『阿鬼』。我覺得奇怪，怎麼可以這樣叫人家？後來聽老母說了才知道，她手腳快得跟鬼一樣，靈活得不得了！所謂『無影腳』、『無影手』大概就是這麼一回事吧！」張美美強調阿素嬤是大稻埕的活字典，當年發生什麼事問她最清楚，「可惜人都會老，畢竟她活到九十多歲了，老綿成許多故事也來不及向她請益，如今已無處挖掘。」

提到當年使用的原料，張美美補充：「阿公那年代的紙張都是從大陸運來的，那時台灣還沒有這些材料。」想當時淡水河運跟現在的小三通一樣興盛，迪化街販賣的生活百貨都從對岸流通過來。張美美說，在快速道路未開通之前，河堤邊都是住家，長她十幾歲的大姊，童年時還曾看到國外的煙囪大輪鳴著汽笛彷彿要開進家門口，如今這一帶的居民已經少很多了。

從前的貨物運輸多靠水運，尤其淡水河影響很多商家的經營，從新莊、萬華到大溪的商人無不靠其吃飯。張美美不禁感嘆這些商家的起落可說是興也淡水河、衰也淡水河：「大概算古時候的捷運吧！不然陸路要繞多遠？據說我阿爸那時準備一張草蓆讓大姊躺著，就可以划船上觀音山掃墓了。」

張美美阿公那年代生意做得很順利，一度還興盛到南部去。她也說曾經發現家裡供奉媽祖的神龕上有個特製把手，原來以前阿公每年都會以員工旅遊「進香團」的名義，拎著祂下北港收帳，像是希望債務人心生敬畏、不敢拖欠。但做金銀紙當然跟迪化街的貿易商不能相比，是仰賴市井勞力的小生意，「很多人以為迪化街都是有錢人，我就會反問，你是都沒見過乞丐嗎？」張美美打趣地笑道，極盛時期所賺到的，就是生了整厝間小孩，跟養活不少雇工家庭。

後來張美美的阿公因為愛喝酒，身體因此欠佳，據說他在八里有塊農地，某次耕作到一半，累了睡在石頭上，沒想到回家就一病不起。「阿公過世後，我阿爸身為長子便繼承父業。但隨著時代改變，金銀紙產業慢慢沒落，重手工的金紙廠也漸漸請不到人手了。」結果恰似阿公當年在廟會的靈光一閃，張美美的父親張建榮於民國四〇年代開始將店鋪轉型，發展出不需太多工人、較為講究技術的燈籠製作。

三十歲繼承衣缽，第一次寫毛筆就上手！

在過往年代，燈籠是民俗必需品。例如寺廟吉日用的神明燈、家庭婚喪用的喜喪燈、宗祠大戶用的堂號燈、商家開幕或年節裝飾用的吉慶燈、南北管樂社用的曲管燈均仰賴燈籠製造；多以紅、黃傳統吉色為主，上頭再飾以書法題字和傳統祥瑞圖案。

一盞燈籠成為張美美父親腦中的靈光乍現，自此照亮原本日趨沒落的家業。

台灣早期燈籠，大抵分成竹篾編織成形的「泉州式」，以及傘狀可收束的「福州式」。材料則以韌性較夠的桂竹為主，遵循傳統文工尺的吉祥數字，在比例和製程上皆有規則。從削竹篾、箍骨架、安台座，編好「燈胎」之後，還要糊布、裱燈、裝穗，上色題字後更得塗油防水，須花費十幾道大大小小的工序。

小時候張美美對父親的印象就是一個字——「忙」！廠裡熱騰騰，滿屋子都是紙張的粉塵，母親也是忙著顧店，還要看管七、八個小孩，他們不曾拍過全家福，也從無家庭旅遊，「最遠就是到淡水，因為媽媽的娘家在那。」張美美回憶她每年寒暑假也都在家中幫忙，「做紙的人家」只能用日日手忙腳亂來形容。

「做燈籠沒有正式拜師這檔事，我成天跟在老爸身邊忙碌，最後也什麼手藝都會了，除了毛筆字之外。」她說父親修養好，對孩子也沒什麼脾氣，而且還寫了一手好書法。當時一對燈籠很貴，寫壞了就要報廢重來，所以燈籠上的題字，張美美父親從來不曾假手他人，因為不論好壞，都關係到老綿成的信譽。

「年輕時只想到找個好人家出嫁，不曾想過要接手這家店。沒想到一個蹉跎，父親突然說走就走，而我當時已經三十歲了。」張美美坦承，雖然家中兄弟姊妹眾多，但看到父母勞碌辛苦一輩子，因此沒有人想繼承這家店，所以張美美只好硬著頭皮擔下來，她表示：「看著整間店都是阿爸的字，一想到日後換我寫毛筆，嚇到半夜都會做噩夢。」因為燈籠上的字必須在立體的球面上書寫，還得懸腕，否則字沒辦法伸展，難度比在平紙上寫高出許多。張美美不好意

思地說，不知是以前的人單純古意，還是阿爸的老客人願意相信自己，竟讓她「第一次寫毛筆就上手」，好歹總是過關了。「我從沒跟阿爸學過書法，剛開始手會發抖，這都是要練的，寫著寫著，如今竟也寫了三十年。」

順應社會變遷，賦予燈籠活水新生

「時代在變」這幾個字，彷彿已成為張美美的口頭禪。她說，五十幾年前燈籠的需求量大，傳統工法省不了，訂單接得再多也無法大量生產，頂多只是找些幫手來相助；等到後來燈籠漸漸被塑膠取代，做工簡單又快速，這門產業已經逐漸沒落，再也回不去過去的榮景。因此張美美現在最大宗的主顧還是廟會，只有廟宇間還能看到傳統燈籠，在神明前保留一個重要的棲身之地。

張美美稱自己是看農民曆過日子的。元宵之後是天公生，喘口氣又到了清明節，接著端午、中元、中秋……一轉眼又到了春節。「反正神明很多，季節性也很明顯，日子到了就該忙，我一個人撐一家店，像做夢一樣，一晃眼就做一輩子了。」

「除了廟會之外，若有武俠片開拍也賣得不錯，甚至還有廣告片會來找我，另外就是像『度小月』這種需要古早味裝潢的商家前來購買；但數量不多，買的也就那一對。」經過幾次媒體採訪曝光，之後循線來找張美美的人絡繹不絕，但多是尋古朝聖的遊客，真正消費的人不

多。她說曾經有人看了報導來找她，要她做日本淺草寺中寫著「雷門」二字的大燈籠，「我嚇都嚇死了，這麼大個兒叫我往哪裡放？」甚至還有設計師拿了畫好的草稿紙來找她，要她做花瓶形狀的作品，這時張美美也納悶地反問：「你都設計好了，怎麼不自己做呢？」

「像今天，還有個人看到雜誌介紹，說要來找一種竹編的、失傳的燈籠。我問他原因，他說他阿公以前在做這個，他很懷念阿公。」張美美直嘆可惜，她提到在北部，會這門手藝的最後一位老師傅兩年前已不在世了。當產業沒有市場，藝術就會消失；傳統匠人做一輩子，直到往生還無人繼承，「凋零」遂成為遲早的結果。

「我也在想我何時可以退休？」張美美雖口裡這麼說，但手邊卻依舊不斷進行創作，思考如何讓阿爸的老燈籠活出新生命。

當時下燈籠藝師以彩繪、剪紙保存這項古老工藝，張美美則選用客家花布的拼貼創作，來賦予燈籠活水新生。如今幾乎所有客家活動都採用張美美的「花布燈」妝點氣氛，讓她一年到頭忙都忙不完。另外，她也不斷創造富有實用價值的新產品，以迎合社會需求：例如開發小夜燈、卡通造型燈，甚至每年固定賣一些半成品給學校，供學生ＤＩＹ勞作，藉以讓孩子接觸、了解這項傳統工藝，「地方上的文化活動我也都非常樂於參與，只要有機會一定願意協助推廣這門技藝。」

她語重心長地說：「這一生阿爸影響我最多，畢竟從小待在他身邊，被他的一言一行影響，學到他以身作則的一切，想放也放不下。」在張美美父親一輩子的勞碌中，無論是燈籠或金紙，都是生活化的物品，不特別講究藝術，「我沒有這樣的野心，只想好好地做，創造出大家喜歡又貼近生活的燈籠。」張美美說，只要能利用對燈籠所熟知的一切技術來開發新產品，就是她小小的成就與大大的滿足了。（文／佐渡守）

最重要的小事 × 張美美

不管賣任何東西，比起美觀或帶有藝術性，「實用」與否才是長久經營、打動人心的最大關鍵。

走逛趣

老綿成燈籠

地址：台北市大同區迪化街一段二九八號

電話：（02）2557-8356

營業時間：週一至週六09:00~20:00

膠卷下的台灣電影放映史

台灣放映師第一把交椅

江泰暾

「我在修復一組三十五釐米的放映機，你想來看嗎？」放映師江泰暾透過電話劈頭第一句就問道。

「想來的話，明天下午見！」三十五釐米放映機耶！既然台灣放映師第一把交椅都開口邀約了，哪有不去的道理！

說到放映師江泰暾，一般只是愛看電影的觀眾或許並不熟悉，甚至會覺得「放映師」不就是在影廳後方的小房間，按下放映機播放鍵的那個人而已，沒有什麼大不了的。但只要問到台灣影展圈或是電影從業人員，就知道江泰暾是個舉足輕重的大人物。

「跑腿小弟」步上放映之路

提及大師級的放映師，電影迷心中第一個出現的想必都是《新天堂樂園》中，鬢髮霜白的艾費多。再怎麼也沒想過六十歲不到，看起來年輕且充滿活力的江泰暾，會是人人口中的一代放映宗師。

江泰暾和電影的淵源大概從小學四、五年級開始。他出生在台中豐原，小學時寒暑假被舅舅叫來台北，跟在負責協助全國多家戲院排片的舅舅身旁打工。當時江泰暾年紀小，膠卷大盤根本搬不動，只能負責整理台北片商要寄到南部戲院的劇照、海報和預告片等輕便工作。有時需要把這家戲院播完的35mm膠卷拷貝，送到下一家電影院繼續放映。為了事後有憑證，通常會捨棄打電話，而是到電信局發電報，因此這項工作也落到當年的小江泰暾身上。

等到再大一點江泰暾就開始跑銀行。在那年代還不流行銀行轉帳，大家都習慣現金交易，他就是那個負責去銀行提款的跑腿小弟。「現在想想其實滿恐怖的，我常常一領就是上百萬現金，一個高中生拿這麼多錢在西門町，當時都不覺得可怕，之後才發現其實很危險。」江泰暾

民國七十一年左右，江泰暾任職於「南方電影公司」，下圖為其與友人合影。（江泰暾提供）

回憶：「我以前傻傻的、都不知道緊張。」談到這，他也忍不住笑了出來。

江泰暾一邊說話，手中動作並沒有停下來。在一間極具實驗室風格的房間內，兩台巨大的三十五釐米放映機並排著，蒙塵的金屬機殼在在說明它們悠久的年歲。此時江泰暾熟練地打開放映機燈箱，拆下裡面細瑣的金屬零件，小心翼翼刷去上頭積累的沙塵。

江泰暾之所以會從負責發行與製作的電影公司轉到專職放映，也算是命中注定的機緣。「我退伍之後，本想和軍中同袍買塊地開農場，但當年舅舅在台北和人合夥開了電影公司，就叫我上來幫忙。」他便這樣又回到台北，進入「南方電影公司」工作。那時候在南方，因為常常要播放試片，正好公司對面有一間試片室，老闆後來不想經營，當時江泰暾手上有一些分紅紅利，就花三四十萬將試片室頂下；在這之後，他才慢慢開始摸機器，從頭學習怎麼播片。

化身全能「剪刀手」，勇闖電檢制

他像是台灣電影史的見證人，還在新聞局電檢嚴格的年代，就負責幫片商剪片以通過檢核。「我那時候剪出了名氣，常跟新聞局的電檢委員鬥法，到最後也摸透他們每個人的口味，同樣的片子，有的委員喊剪、有的不剪，有的不管怎樣都硬要剪個兩刀。」江泰暾講到這，促狹地笑了起來：「只要我知道審片的委員是誰，我就知道要怎麼讓影片過關，有時候還會故意留個一兩段讓他剪。」

當時比較需要剪片的大多是香港電影。由於台灣電影在拍攝時就會注意電檢尺度，事後被剪的機會很少，所以反而不用花太多時間處理。但是香港影業題材多變，常拍神怪靈幻片，再加上三級片風潮興起，所以過去香港電影要在台灣播映，多半會被修剪過。

也是因為這樣，讓剪片剪出名氣的江泰暾被嘉禾電影公司找去香港，特別剪出在台灣可以上映的電影。常跑香港的他，在當地發現中國製造的輕便型放映機，竟比一般廟會播酬神影片的日本製機台便宜許多，於是江泰暾就進口來台灣賣。當然中國製的放映機便宜歸便宜，還是有一些電子零件容易故障，好在江泰暾對放映機已非常熟悉，知道怎麼修復處理，因此原本常出問題的中國機型，總在他手中搖身一變，成為便宜又可靠的輕型機，銷售非常成功。

「也是那個年代才有辦法這樣賣啦！」江泰暾忍不住感嘆。當時台灣全國瘋大家樂，常常有人去廟裡求明牌，一旦中獎，就會在廟口播電影。常常放映機架在熱門的廟宇旁邊，電影播不停，所以機器很好賣。「算一算，那時候賣了七八百台都有。」江泰暾笑道。

但同樣也是因為在那壓抑封閉的年代，中國貨物進入台灣都受到管制，所以掛名香港或別的地方進口的貨物所在多有，海關抓都抓不完，罰則也愈來愈重，從一開始查到就沒收貨品，到後來不但沒收，還要繳一至兩倍罰款。在這期間，從中國引進的放映機當然不能倖免，有次江泰暾進了六十幾台放映機，裝了兩個貨櫃，結果卻被海關抓到，不但將機器全數沒收，還要繳兩倍罰款。「之前賺到的全在那次賠回去了。」他說得雲淡風輕：「正因如此，這條線我就收一收沒再做，全心以接放映為主。」

堅守崗位，綻放職人風采

放映師要做到像江泰暾這樣出名，其實非常不簡單。「算命師總說我做什麼都會成，因為我做事夠專注、求完美。」江泰暾不好意思地坦言：「但這是好聽的說法啦！我都覺得自己龜毛和偏執。」

江泰暾播片時，永遠堅持用最好的鏡頭和銀幕，而且因為之前經營試片室的經驗，習慣很多導演要求完美的個性，甚至大型特映會還有導演放完片後，特別找江泰暾道謝，因為有他的控管，影片放映畫質更穩定。就這樣，江泰暾一路和各大影展合作，從地方性的綠色影展到全國性的金馬影展、台北電影節、高雄電影節、紀錄片影展……漸漸就這樣闖出名號。

當時魏德聖的《海角七號》尚未爆紅之前，江泰暾就建議他去客委會在新竹主辦的「新瓦屋好客板凳電影院」放片。由於電影還沒上片就要先公播，而且還是在戶外播放，這讓魏德聖有些擔憂。但在江泰暾的照管下，戶外播放品質非常精美優良，《海角七號》也因此得到客委會的免費宣傳。

「結果接下來的《賽德克巴萊》和《KANO》就累了。」江泰暾語氣中感覺不到一絲抱怨，反而拿出手機，秀出裡面的照片。《賽德克巴萊》在總統府前廣場播放及高雄巨蛋上下集萬人特映時，找的也是江泰暾，甚至《KANO》在嘉義市棒球場首映、高雄立德棒球場萬人露天放映，以及《看見台灣》於自由廣場的露天特映都是江泰暾所負責。「結果為了在戶外放這

上圖：紀錄片《看見台灣》於自由廣場露天特映時，聚集大批觀眾。（江泰暾提供）

下圖：電影《賽德克巴萊》於高雄巨蛋舉行特映，轟動全場。（江泰暾提供）

些片，高畫質的放映機砸錢買就算了，為了效果好，在光源不足的戶外我連銀幕都不用一般等級，而是高增益（高效果之意）、無接縫的銀幕。尤其還要怕風大把銀幕吹破，必須準備好幾塊備用，只要銀幕一髒，我就馬上換掉。」江泰暾說到開心處，一點也不像大家口中的「放映之神」，反而像個談論自己心愛玩具的大男孩。

看他不斷拆解組合眼前這兩大台三十五釐米放映機，突然注意到某個不尋常的地方；在放映機金屬外殼上，居然有著「台北監獄財產」的標籤。「是呀！這兩台是從台北監獄移過來的。」江泰暾不以為意地繼續說：「現在這種老式的三十五釐米放映機愈來愈少，我最近的工作要負責把一些膠卷影片轉成數位化典藏，所以需要一套可以播三十五釐米的系統。通常一部電影的膠卷有好幾卷，想要一部片不間斷的播就需要兩台放映機，也還好台北監獄將它們保養得很好。」

這兩台少說已有四十年以上歷史的放映機，除了曾是台北監獄的財產之外，身上藏有的祕密，在熟門熟路的江泰暾手中也一一展現。原來它們不是一般台灣常用的日本製放映機，而是美國製的美規機。「這應該是當年政府為平衡中美貿易逆差而採購的！」江泰暾一邊笑著解密，手上動作並沒有停下來，他將放映機的燈頭打開，把裡面的零件取出刷乾淨之後，再安裝回去。「其實這兩台放映機狀況很好，除了美製機械比較精密堅固，裡面的零件都還很完好。」他繼續補充：「這種老古董，根本連線路圖都找不到，會拆裝的人已經不多了。」如果線路圖早就遺失，那江泰暾怎麼可以那麼輕鬆地拆裝？「放映機摸多就熟了，就算不同機型，也可以啦！」他笑著回答。

一直給人充滿職人旺盛生命力的江泰暾，談到接班人時，還是不免微微失落。「現在電影放映都數位化，這些老技術也快無用武之地了！」但影展或多或少都還有35mm、16mm膠卷的放映。江泰暾無奈地說：「沒有辦法，只能自己撐下去。」看著面前這兩台巨大放映機，曾經因為沒人會使用而被塵封於監獄的倉庫，直到遇見江泰暾，才有重見天日的機會，如果沒有他，這兩台機器是不是就只能被當成廢鐵處理掉了呢？

環顧四周像實驗室一般的房間，全室一塵不染、井然有序，舊式放映機置於其中顯得格格不入，與其說是有著播映功能的機器，更像是某種不具實際用途的裝置藝術。隨著時間演進，技術總是在進步，或許真有一天，類比式電影膠卷勢必進入博物館，成為純粹被典藏的對象。面對此一問題，江泰暾悠悠地說：「雖然膠卷慢慢會被淘汰，但再撐個十年，應該沒問題啦！」

以前的膠卷片沒完全被轉成數位檔。」那十年之後，膠卷機真被淘汰了該怎麼辦？「到時候再說吧！十年後我應該要退休了。我三十二歲開始接影展放映工程已經二十六年了！」江泰暾灑脫地回答。

或許是某種堅持，就算戲院裡只有一個人觀賞，放映師一樣會把電影好好播完。想必如果能力可及，直到最後一台放映機損毀不堪之前，「放映之神」江泰暾一定還會堅守在自己的崗位上吧！（文／陳承佑）

最重要的小事 ╳ 江泰暾

若因喜愛的事物沒人了解而感到寂寞，別急著逃開，只要堅持撐下去，一定會有什麼驚喜將在未來發生；一個人一生只專注一個工作，必定可以達到爐火純青的境界。

混搭傳統與前衛

世界百大攝影家

謝春德

謝春德，這位曾被美國當代攝影書介紹的世界百大攝影家，資歷相當顯赫：西元二〇〇二年舉辦「無境漂流」展覽，率先嘗試數位後製、影像實驗的技術成果；二〇〇三年經營的食方餐廳，被英國書籍名列全球百大餐廳之一；二〇一一年「春德的盛宴」使他成為在威尼斯雙年展，獲得最多歐洲媒體和美術館長盛讚的藝術家；二〇一三年歐洲藝術電視台ARTE來台為他拍攝紀錄片，同年並於高雄市立美術館舉辦「微光行」回顧展……以上種種，讓謝春德不只是名攝影師，更是前衛藝術家；但不管處在哪個領域，他只想把對土地、對家鄉的濃厚情感永遠傳承下去。

外型摩登，行事不按牌理出牌的謝春德，很難想像他出身純樸的農家。在那沒有太多物質資源的時代，十七歲的謝春德因為得到一台萊卡相機，便啟發出對攝影的興趣，「我沒有老師教我，卻有很多景仰的攝影家。如美國的Mapplethorpe Altars 、August Sander、Richard Avedon、Peter Witkin都是我很崇拜的對象。」經過苦心鑽研，謝春德在十九歲就舉辦攝影個展，彼時粗粒子、高反差與超廣角鏡頭等前衛手法，讓他迅速在攝影圈占有一席之地。但他不以此自滿，更追求新型態的攝影價值，不但創辦相關雜誌，更跨足舞台領域，為雲門舞集、蘭陵劇坊、太古踏舞團、優劇場等單位留影，甚至替《時報周刊》拍攝女星封面照，更當上廣告與ＭＶ導演，製作出五年級生集體回憶的影片；例如至今為人津津樂道的「司迪麥口香糖」廣告，部分就出自謝春德之手。

從寫實記錄到超現實「編導式攝影」

謝春德的主題創作，多半來自長時間對土地的觀察，他想把在地迷人的事物透過攝影作品永續流傳：「在我這個年代人人都想出國深造，但我沒有這樣的機會，只能留在台灣。尤其我又是從鄉下來台北發展，累積出濃厚鄉愁，所以才迷上記錄台灣土地、人民活動、傳統民間信仰、工藝品等主題，勾勒出內心深層的感動。」

憶起早年拍照遇到的阻礙，謝春德感嘆：「民國五十九年舉辦個展，曾經有三個不同單位

上圖：一九八八年謝春德赴中國大陸工作照。（謝春德提供）

下圖：一九九二年謝春德與北京唐朝樂團展開合作。（謝春德提供）

的人找我，說作品有問題要沒收，但也不提出原因在哪。」甚至他退伍後到處拍照，也曾被警察叫去審問為何要拍攝落後的鄉下，竟把他當成匪諜。「有一次在基隆攝影，還讓士兵抓到軍艦上，被要求交出相機。當時我只忍痛把底片交出，因為萊卡相機很貴，那是我爸將田賣掉讓我買的。」儘管如此，他依舊認為人的背景，以及在這片土地的重要經驗，都是最能打動自己的素材，不管是花布餐桌，或是鄉下人輪流供養的小廟，在在都能顯露在地深情，而這也造就謝春德的創作軸心。「自己成長出生的地方是很重要的，不管去了哪裡，都不能忘記。」

早期謝春德以「時代的臉」、「家園」等攝影個展落實人文關懷，以寫實手法描繪鄉土形貌；後來成功跨足時尚、廣告、設計、舞台等商業攝影範疇之後，作品漸漸轉成主觀意識強烈、表現主義濃厚，甚至帶點超現實色彩和故事感的「編導式攝影」。

「我喜歡看電影和小說，心裡充滿各種想說的故事，也想突破東方禁忌，將備受壓抑的『性』議題搬上檯面。」這使他決定讓鏡頭框架出的畫面，擁有像舞台景片般的豐富元素。喜歡畫畫的他總會事先畫好手繪稿，經過數次修改，把想像的故事和畫面建構出來，等到正式拍攝，再大費周章訂作所需的場景道具。精雕細琢的工程，造就瑰麗又充滿生命力的視覺奇觀，難怪法國國家電影館前館長Dominique Païni讚嘆：「謝春德拍的東西是濃縮的電影。」

「我不喜歡重複性創作。」愛做夢的謝春德坦言習慣親手把腦海中的想像建構出來；大量接觸書本、電影、音樂，讓靈魂互相撞擊，迸發燦亮的花火。

上圖：作品「家園」。（謝春德提供）

下圖：作品「無境漂流」。（謝春德提供）

關於「家」的多重思索

西元一九八七年，謝春德拍了很多時尚照片，渴望接觸另一種空氣，便把台北工作室結束，回到純創作狀態。來自台中的他，對家和土地的感情十分強烈，加上那時剛出版《家園》這本攝影集，也搬到工廠群聚、又髒又亂的三重居住，於是謝春德不斷反覆思考什麼是「家」。對他來說，家除了既是遙遠的鄉愁，也是現實生活的落腳之處，這引發了他開始拍攝「三重RAW」系列。因為編導式攝影所費不貲，於是他一邊存錢，一邊慢慢拍攝，整個攝製期橫跨十四年，謝春德不間斷畫草稿，作品文火慢燉地完成；對他而言，時間是繆斯，厚重的感情是永不熄滅的火焰。

一九九三年，這系列才完成一半，謝春德攜部分作品赴香港參加「中港台當代攝影展」，卻因為有幾張照片觸及「性」，觀點和視覺太大膽，導致相關單位不敢展出。直至二〇〇九年他靠著詹雅雯小姐支持，才在兩年內集中火力把作品完成。其中傳達出台灣社會的種種變化，謝春德並透過對時代的多元思考，來表達內心的真實感受。例如一張全家福，把孫子和阿嬤擺在一起，凸顯隔代教養和少子化議題；此外照片中有電子花車女郎，呈現出國人對性的壓抑。作品主題廣泛，觸及政治、自然生態與歷史傷痕等不同面向，「我想表達出一個鄉下人對家的懷念，以及來到城市討生活的寂寞。夢想不一定能夠達成，但心裡還是有殘存的夢，那是人類最尊貴的部分。」

作品三重RAW系列——「母狗」。（謝春德提供）

這系列作品在歐洲展出遇到很多藝評家以驚豔口吻表示，內在似曾相識的感覺被勾了出來，他們讀到生命的交流，原來跨越國家、文化與種族，人類內在的感動其實是互通的。受到這樣的讚譽，謝春德淡淡地說：「這些作品以前沒什麼反應，近年才有一些聲音。」

跟在謝春德身邊二十年的大弟子FUFU坦承：「純樸和壓抑讓春德的作品具有穿透力和時代意義，他是國際級的視覺藝術家，但卻還沒得到應有的聲譽，因為他走在太前端。但特別的是，他永遠不放棄，永遠對明天充滿希望。」深知領先太多的創新和突破，往往注定了寂寞，謝春德早已習慣遲來的掌聲和迴響，但他持續默默創作，毫不退縮。

談到攝影創作在盛名之外的實際收益，謝春德苦笑表示這些編導式攝影製作費工，成本高達數千萬，卻因為國內外藝術市場都不太接受攝影作品，照片幾乎都賣不掉，去年僅賣掉「三重」、「家園」系列的兩張，國外收藏了「三重」系列的一張，每張收藏價大約台幣一百五十萬。儘管如此，他還是堅持用全副生命創作，儘管入不敷出，甚至貼上拍攝商業作品的豐厚酬勞，以及伯樂金主的鉅額投資，謝春德還是信心滿滿，對接下來的個展「天火」充滿期待，「這個展覽預計年底推出，除了攝影作品還有裝置藝術，現在我還差最後一筆錢，等我籌到了，就會把它完成。」

這樣緩慢又細緻的創作過程，讓法國國家科學研究中心研究員、攝影史學家莫尼克·西卡爾博士（Monique Sicard），以謝春德為其「視覺藝術／攝影觀看生成」（Genesis of Visual Arts/Photographic）研究群的研究對象，並於二〇一三年率歐洲藝術電視台ARTE來台拍攝謝春德專

二〇一一年威尼斯雙年展「春德的盛宴」現場。（謝春德提供）

題紀錄片。而「春德的盛宴」在威尼斯雙年展展出時，《費加洛日報》更把展覽當成封面，甚至《法國解放報》還譽其為「最好看的展覽」。謝春德的作品也許在亞洲太過驚世駭俗，卻在歐洲受到高度重視，這讓他堅信自己不是薛西佛斯的神話，有一天藝術形態的攝影作品，一定會在市場上獲得迴響。

在現實中守護夢想的價值

「我的市場很大，只是還沒找到適合的經紀人。將私人創作推往大眾市場本來就不容易，要看自己相信什麼、有沒有完成，這也是我要面對的一塊。我有很多想法，但完成的時間太漫長，所以必須有很好的體力，才能一直持續，以及有懂得欣賞的支持者，才能將它完成。」

民國三十八年出生的謝春德坦言，現在最擔心的就是體力衰退，所以這幾年一直在調整生活作息。「我新的計畫『天火』快完工了，在今年夏天前，二十幅作品都會做好，還要加上裝置，處理的是靈魂的回歸。」

對土地、宇宙、人性頗有研究的他，覺得有用的東西會繼續傳下去，沒用的就會消失，這是歷史留下來的定律，所以人類只能尋找自己相信的價值。他曾拍過達賴喇嘛的紀錄片，當他們兩人從中山北路巷口走出，謝春德望著頭頂的太陽問道：「太陽給地球溫暖，卻漸漸走向生命的盡頭，生命有枯有榮有生有死，既然都有定數，為何還要改變？」達賴喇嘛望著天空一會，接者悠然表示：「這叫做共業，每個人只要讓自己做一點改變，世界就會改變。」這番話讓謝春德確認把自己想做的事情一件件仔細完成，才是生命從興盛走向枯寂，人類依舊能保持活力的唯一之道。

望著工作室電腦後方掛在大型書架上的鐘，戴上老花眼鏡的謝春德笑笑地說：「我修片的地方一定要掛上時鐘，要不然會一直工作，忘記現在是幾點。」這個把創作放在最前面的藝術家，每每說到記憶深處的往事，都會閉上眼睛，聲音柔軟，感性地把腦海裡的影像詩，一字一句娓娓道來。當生活片段經過歲月沉澱，化作生命的精華，是多麼值得珍惜與呵護！難怪他一直念念不忘十七歲的夢，表示等「天火」展覽結束，就要來拍電影，劇本已經在腦子裡，預計下半年度把它寫出來。

「十七歲我就立志當導演，那時候受到法國新浪潮的影響，我看了很多電影，現在我準備好了，這是我的新計畫，一定要完成。」十七歲的夢希望能在六十七歲實現，原來睽違了五十年，當初的夢沒有消失，只是藏在身體的某個角落，期待哪天能夠抽枝發芽、成長茁壯；他堅信，夢一定會長大，只要沒有被忘記。

「記得小時候曾經遇過一位阿公告訴我：人生就像一個擔子，一半是自己喜歡、另一半是不喜歡的事物，人才會平衡；因為每個人都離不開不喜歡的東西，但這要到長大以後才會懂。」為了一肩扛起自己喜愛的藝術創作，謝春德懂得讓肩膀同時承擔「不喜歡」的重量。他打開電腦，展示剛拍完的政治家肖像照，提及晚上還要留在工作室修片；對謝春德來說，他要做的事太多，而時間太少、人太複雜……所幸希望終究不會消失，而心裡的聲音，永遠存在。

（文／蔡怡芬）

最重要的小事 × 謝春德

> 「重複性」是扼殺創作的毒藥，所以必須讓自己離開舒適圈，持續迎向新的挑戰和目標，創造出超越自己、饒富生命力的作品。

從電視電影到Q place

戲劇工作者

王小棣

自充滿商業活動與城市氣息的敦化南路轉入巷內，喧囂浮躁的空氣馬上沉靜下來，穿過幾個街區住宅，一間有著大落地窗的獨棟建築物出現在街角。幾名面容姣好的年輕男女，踩著小跑跳的腳步魚貫進入落地玻璃門；這裡，就是王小棣導演籌辦的「Q place表演教室」。

一進入室內，馬上被三樓傳來極具節奏感的踏地聲吸引，順著聲音上樓，發現年輕學員早已跟著老師暖身，準備今晚的表演課程。一名看來專業且親切的工作人員穿梭在人群之間，不時引導大家動作，避免伸展肢體時彼此的手腳打架。這名像助教般、低調且親力親為，一點也沒有名導架子的人，就是Q place表演教室的創辦人——王小棣。

傳承戲劇經驗，抹去年輕的迷惘

我們常聽人們抱怨台灣沒有好的中青生代演員，比不上中國演員扎實訓練出來的底氣。於是王小棣樂當創造改變的推手，從訓練自己劇中合作過的演員，擴到為整個影視產業尋找有潛力的新生代，因此Q place表演教室於焉誕生。為什麼這麼專注於培養演員？王小棣自有他的擔憂和期許：「演員在戲劇中所站的，是與觀眾直接接觸的第一線位置。」

從外人來看，或許會覺得演藝圈是個光鮮亮麗、瞬息萬變的大觀園。但對王小棣而言，從事表演的人若順著外界潮流波動，絕對是一種不健康的狀態，他認為演員不該像是場景道具般被速食使用，而是需要經過長時間淬鍊與培養。「表演不只是技術，而是一種生活方式。與其說我們這邊在教表演，其實更像在教一種身心瑜伽。」他話到嘴邊又忍不住笑了出來，隨即正色提到表演者尤其需要不斷精進自己的內在，與透過運動維持身體狀態。

像是回應王小棣的話，排練場內學員在老師帶領之下，不斷重複跳躍與抬手踢腿動作，像

是某種高強度的運動套路。突然間，一名綁馬尾的女孩停止跳躍，滿臉痛苦地跛著腳，一拐一拐退到場邊。此時王小棣二話不說，搶在所有人之前扶著女孩就地坐下，自己跪坐在一旁，伸手握著女孩的腳掌幫她按摩起來。

每個人生命中難免有受傷或迷惘的時刻，王小棣也不例外。

愛好戲劇的他，在文化大學戲劇系畢業之後便前往美國三一大學攻讀碩士，遠赴異鄉念書，一開始當然認為自己理應努力效法西方經典，盡可能把自己浸泡在劇場之中。但過不了多久，由於學校定期會和不同國家的劇團進行交流，並常常邀請他們前來登台演出，當時王小棣就樂得把握看戲機會。「記得有次欣賞韓國劇團帶來融合傳統戲曲的表演，就讓我很震撼！」深受觸動的王小棣在眾人散場之後，一個人登上空蕩蕩的舞台……「我這才發現，從前一直以西方戲劇為圭臬的心態是需要調整的，其實東方也有屬於自己的、源遠流長的戲劇傳統，而且這些傳統戲曲與西方舞台劇相比，絲毫不遜色。」

豁然開朗的王小棣，發覺戲劇表演不能斷離文化根基，因此在規畫Q place表演教室課程時，特別安排最後三週為京劇訓練，並規定每位學員最後都要能夠粉墨登場，唱一段獨角京劇，「一定要經過這關傳統戲曲考驗之後才算學成。」他堅定地說。

王小棣於一九九一年的劇場工作照。（王小棣提供）

時時「練心」，關照內在自我

眼看王小棣細心按摩受傷女學員的小腿，女孩因忍痛而皺起的眉頭終於慢慢舒展開來。「大家對我的印象總是很會為別人想，很會照顧人，說到我都以為自己真的是這樣。」王小棣忍不住大笑。一直以來，他不斷在生活中展現對人的溫情體貼，這也是他戲劇作品最強烈、最吸引人的特色。但這種推己及人的同理心並非與生俱來，而是透過不斷內省與反思培養而成。

當年隻身赴美，做為留學生的王小棣曾在中國餐館打工，那時還有另一名室友同他一起工作。在過往年代，或許白人女孩於中餐館打工並不是一件尋常事，王小棣的室友一直受到老闆諸多挑剔嫌棄，無形中上班成為難過的煎熬。或許因為和老闆同為亞裔人士的關係，王小棣便成為兩人之間的協調者，他總是勸室友不要與老闆爭執，忍一忍就過去了，因此室友只能不斷嚥下上班所受的委屈，才能與老闆相安無事。

「但某天我躺在床上翻來覆去睡不著，腦中一直想這件事。想到最後終於發現我叫她忍一忍就好，其實是因為怕她真的和老闆吵起來，戰火波及到我，我也可能因此工作不保，所以才一直勸她忍著。」透過與自我對話、關照內在幽微的情緒，王小棣正視到一直以來的行為並不是為了朋友，而是怕自己弄丟工作。於是他馬上翻身下床敲了室友的門，立刻向對方道歉；隔天一早，兩人便一起到中國餐館遞辭呈。

「一個演員最可貴的特質，就是能和自己對話，能夠時時關照內在。」王小棣的話中並不帶著說教意味，反而混合某種關愛的期許。看他一邊說話，一邊徒手揉著女學員扭傷的腳，突然令人醒悟到，就跟所有技藝一樣，王小棣的「身心靈瑜伽」，除了練技，更是一種「練心」的過程；且唯有這麼手把手教學，經由彼此肌膚感受觸撫，暖人溫度才能一直傳遞下去。

把關懷送往失光的角落

另一位和王小棣淵源頗深的導演鄭有傑誠實托出自己曾經的疑問：「之前都聽大家叫他老師老師的，我都不知道為什麼會那麼尊敬他。」鄭有傑更進一步表示：「若沒真的和小棣老師合作過，是不會明白的。」對他而言，王小棣算是導演中的異類；大多數導演，就連鄭有傑自己拍片時也會將目標鎖定在得獎，再者就是票房冠軍，關注的大多是自己；但王小棣不一樣，他永遠把自己放在相對後面的位置。

這一點可從王小棣歷年作品得到驗證。自《大醫院小醫師》展現醫病關係背後的種種無奈，到《45°C天空下》描繪代表台灣之光的英雄人物，面對現實艱難，還是要挺過各式各樣的磨難與掙扎；而拍攝《波麗士大人》，則希冀平衡警察在一般民眾心中的印象，使之回歸到職業面向，在那象徵正義的制服底下，其實還是一個平凡的「人」。從這些脈絡可以看出，王小棣對自己影像作品的期望遠高於只是一件被消費的商品，而是可以改變社會的重要媒介。

《波麗士大人》之後，王小棣將關懷觸角延伸至少年犯罪議題，從《酷馬》到《刺蝟男孩》都可以看出這個轉變。但他所謂的「關注」可不是影片拍一拍、嘴巴說一說就功德圓滿。「讓我非常感動的一件事，是在拍完以本土文學作品為基底的《閱讀時光》後，小棣老師問我要不要跟他去播放影片。」鄭有傑說這話時，意識似乎又掉進當下的時空場景，「我到了現場才發現，我們去的是明陽高中，那是一間少年受刑犯收容所。」原來王小棣將《閱讀時光》的全球首映，帶到一群可能只想看周杰倫唱歌，完全不會有興趣觀賞文學改編影片的少年面前。

一開始鄭有傑還很擔心，怕明陽高中的少年根本坐不住，想不到放映結果出乎意料得好。驚喜之餘，他忍不住問了這群青年，平時是不是很常舉行這種放映活動，所以大家對影片的接受度比較高。「沒有呀，這是四年來第一次。」少年如此回答，鄭有傑忍不住再問起，那四年前是誰來放片的？「也是小棣老師，上一次他拍完新片，就第一個拿來我們這邊放！」

王小棣對弱勢少年的關注不是說說而已，從他持續在明陽高中這個沒有媒體曝光度的角落首映自己的作品，可以看出他對這群年輕人永不放棄的關懷。這樣的堅持如同他一路以來，總是在想怎麼讓台灣影視產業好一點，怎麼讓台灣社會再進步一點；這種使命感和實際捲袖動作的執行力，或許就是他被業界人士尊稱一聲「老師」的最大原因吧！

離開Q place表演教室的大門，天色已經完全暗了，大片落地窗透出溫暖的黃光。與其說這裡是Q place總部兼辦公室，其實更像是一間溫室，栽培呵護幼小的種子學員成長茁壯。就像名字的起源，「Q」代表著「incubate」，有著孵化、溫育的意思；透過王小棣手心的溫度細心培育，期待學員們之後得以有所發展，成為一股挹注台灣影視產業的活水清流。（文／陳承佑）

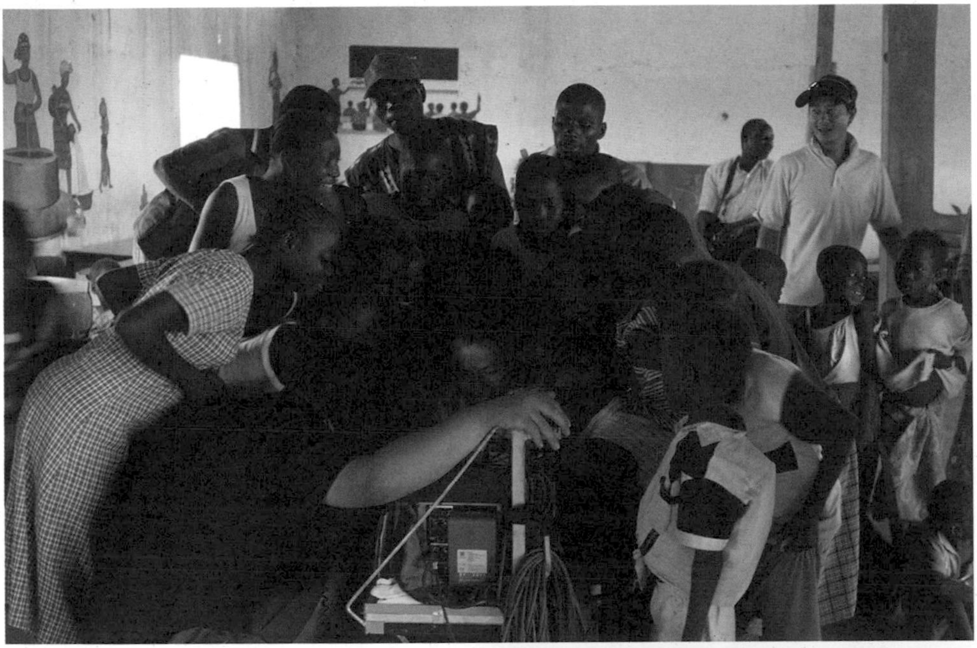

上圖：二〇〇五年赴西非拍攝《45℃天空下》，當地居民圍著王小棣觀看螢幕畫面。（王小棣提供）

下圖：二〇一四年拍攝兒童影展電影短片《剪刀石頭布》。（王小棣提供）

最重要的小事 × 王小棣

徬徨時，請回過頭照顧自我，聽聽自己內心有什麼話想說；若有了能力，請望向無助的街角，使之盈滿溫暖的愛與勇氣。

以聲樂揚名國際　返鄉回饋部落

歌唱大使

梁芬美

（倪亞賀薩）

她，只帶著一卡空皮箱和身上的兩百塊美金，就旅居國外三十年，還以天籟美聲征服一百多個國家；她，於八八災後奔赴家鄉，參與救災、支援、陪伴、心理輔導，帶領三十幾個青少年，經過五年無償指導，如今已傲然站上萬人舞台，讓孩子代表鄒族，透過悠揚歌聲振興部落文化與民族自信心。

身軀嬌小，長髮濃密，語多帶笑，笑裡有光。你或許不曾在台灣聽過她的名字，然而她卻是台灣享譽國際的聲樂家，被稱為「歌唱大使」的鄒族女兒——梁芬美（倪亞賀薩）。

許多人上到阿里山的鄒族部落，總不免語帶讚嘆：「那一大片綠油油的茶園好美麗，多讓人心曠神怡。」然而，這些話聽在芬美耳裡，卻只有心痛與失落。

從小在阿里山樂野部落土生土長的芬美，打她有記憶以來，山中家園的景象就該是滿山遍野的竹林和樹林。在山風吹過的颯颯竹聲中，成群結夥的孩子們在竹梢晃來盪去，「唷荷～唷荷～」從這頭盪到那頭，宛如施展武俠片裡的輕功「竹上飛」，總是不到天黑不回家。等到晚上，部落裡的爸媽就一個個準備好棍子，站在竹下守株待兔，結果最頑皮的孩子當然屁股最火辣，但孩子們依然熱愛竹上輕功！

山中歲月總是這樣，父母辛勤墾地，山裡的孩子不分男女跟著上山爬樹、抓昆蟲、採野果，就地取材做竹槍、竹劍，滿山遍野地跑。聽的是隨風遼遠傳來的水聲、動物鳴叫聲；想笑就大笑，想唱歌，就高聲地歡唱。在部落，幾乎人人都有一副好嗓子，家人團聚會唱歌、部落祭祀會唱歌，就連老人吵架也用唱的。芬美說，歌唱在族裡就跟說話一樣尋常，是生活的一部分，歌聲嘹喨得跟風一樣曠遠。

「所以我們的耳朵非常靈，唱歌也不會走音，小時候沒聽過走音的孩子！」她語帶惋惜地說：「可是現在的孩子不行了，太少接觸大自然，最常聽的是電視、電腦的聲音，大概有三分之一的人唱歌都會走音了。」尤有甚者，他們連笑都不敢放心大聲笑出來。

特別是在八八風災之後。

梁芬美國二出遊照。（梁芬美提供）

八八風災，正是芬美回鄉的理由

當年竹梢上那個野孩子，成人後繼續擺盪，三十年來從地球這頭盪到那一端，熱愛唱歌也熱愛旅行，梁芬美唱遍了一百多個國家。自小不是太精明的她，曾睡過毒梟大國哥倫比亞首都波哥大的機場，也曾把自己搞丟在竊匪猖獗的義大利車站，但放心樂觀的她一直在唱歌和旅行中活得感動自在，直到阿根廷一場音樂會後，她突然聽見有人急呼：「Fenmei！Fenmei！台灣的Shaolin出事了！」她還一臉納悶，台灣哪來的少林寺？外國人中文說不準，直到她被拉到電視機前目睹阿里山家園殘破的景象、甲仙小林村被大地吞噬的慘狀，滿腔洶湧的震懾與悲傷，令她一刻也不能等，隔天立刻搭上飛機奔回台灣。

彼時阿里山上已滿目瘡痍，沒有一片山是完整的。見識到太多分崩離析、孤立無援的情景，風災過後芬美便開始投入部落工作。災難的創傷很難撫平，有的孩子至今聽到雷聲都還會膽戰心驚，或許一輩子也走不出恐慌的陰影。「於是政府要我留下來幫忙山上的學校，當時的路和小溪沒兩樣，只有四輪帶動的車才進得去，有的車子無法進入，物資只能用空投的。」在一片破敗淒涼之下，芬美決定負責孩子們的音樂治療，自此來回殘破的部落。

既然要服務，就從自己最擅長的專業來著手。於是芬美創立了「阿里山青少年合唱團」，並以自身遊唱一百多國精采絕倫的故事，分享、激勵青少年加入。

梁芬美指導孩子們歡聲合唱。（梁芬美提供）

回首聲樂之路，感謝天使眷顧與各地愛心

梁芬美的專長是聲樂。歌唱之外亦擅長油畫、寫作、原住民手工藝。多才多藝的她，在美國求學期間還得過全美大學院校甘迺迪藝術中心舞台妝設計比賽的最佳提名獎。之所以會成為聲樂家，她認為或許跟從小耳濡目染有關。她提及自己的父親很喜歡古典音樂，在那個年代，幾乎沒有原住民會聽古典樂。「以前的人很窮，但我爸爸把省下來的錢全都買了唱片。」梁芬美坦承到國外學聲樂時，曾有老師對她無師自通的「滾音」非常震驚，急問哪裡學的？這時她俏皮地回答：「我是跟小提琴學的！」

由於從小就愛唱歌，所以求學時有很多上台表演的機會。國中時某一次被學校派去唱《紅豆詞》，這首歌沒人教，是芬美自學而來，為她生平接觸的第一首藝術歌曲，也是第一次看到鋼琴。原來芬美跟隨爸爸聽古典音樂那麼久，卻從不知鋼琴長得如此美麗，這是她頭一回與夢想的親密接觸。因為家中沒多餘的錢讓她去學，後來遇到學琴的同學，芬美就主動表示以騎車載他上課為代價，趁同學彈琴時坐在一旁悄悄地學，得知學校有琴房，她也跑進去偷偷練習。

後來到了美國念書，芬美拎著一只空空如也的皮箱與兩百塊美金，一落地就去找打工機會，並在大學積極選修不同課程。原本不是聲樂系的她，因著愛唱歌也選了聲樂課，一次聖誕晚會，老師要她上台表演，沒想到待演唱結束後，音樂系主任立刻興奮地跑到她面前誇讚：「妳知道自己唱歌時臉是亮的嗎？眼睛還會發光耶！妳一定很愛唱歌！要不要轉系，我免費教

梁芬美於美國加州大學碩士畢業照。（梁芬美提供）

妳！」芬美一聽實在又驚又喜，在當時拜師學唱一鐘頭要價一百多塊美金，可以省那麼多錢哪有不去的道理？免費受學幾個月之後，芬美便轉進聲樂系，開始在歌劇院見習，與聲樂結下不解之緣。

乍聽之下，芬美的求學過程似乎相當幸運，但是在異地流浪難免會有許多不為人知的辛酸：例如很多教授對不是西洋人存有偏見，認為亞洲學生練不會西洋歌唱技巧；諸如發音不準、咬字不清、聲音不對……於此，造就了芬美在音樂細節上的敏銳度和深度。

然而影響最鉅的事件，莫過於三十歲那年突發的喪母之痛。「媽媽車禍意外身亡，造成我極大的驚嚇，我從此一個音都發不出來。」據醫師診斷，此為「心因性障礙」所導致；同時失去母親又失去聲音，她開始不斷禱告：「無論祢是何方神靈，如果祢可以讓我再唱，我就為祢而歌。」終於在半年努力恢復之後，芬美好不容易能將一首孩子唱的《小白花》完整唱完。這段漫長的復健過程給她很大的刺激，讓她重新釐清生命的意義。從此芬美養成表演時親吻舞台的習慣，感謝一切，因為這是老天還給她的、失而復得的聲音。她之後也常常告訴所接觸的孩子們：「我的周圍有好多天使，我也要讓你們至少有我一個天使在身邊幫忙你們、愛你們。」

自家鄉尋回溫暖、有意義的「根」

走過精采飽滿的大半生，芬美回到台灣，她經常告訴朋友自己真的不是想從事教育工作，

上圖：芬美和一群美麗純真的鄒族女孩們。（梁芬美提供）

下圖：二〇〇五年，芬美遠赴海外推廣鄒族文化。（梁芬美提供）

而是為了接觸自己的文化，同時提醒族人傳承鄒族的文化資產。她說：「走過那麼多國家的人才能體會，無論到哪裡心都浮浮的、不實在，唯有踏上這片祖靈的土地，才能穩穩當當地說：『對，我回家了。』」家，台灣這片土地，對漂泊多年的芬美而言，是最大的支持力量。

「回鄉，其實也是在追尋童年的記憶。早在返台前五年，我的心裡就不斷有個聲音在召喚：『回家吧！』只是我一直很糾結，直到八八風災才正視自己的內心。」她說，過去的族人非常快樂，現在卻經常陷入憂鬱；過去身心都很自由，現在心靈卻被上了枷鎖。以往鄒族的傳統很能自給自足、互相分享，要是誰家正在割稻、蓋房子，大家都會一起幫忙，不計較利益得失，但現在這樣的連結很薄弱。「所以我想讓孩子們回到過去的互助互愛，去找回往昔那份美好的價值。可是，現在山上的感動到哪去了呢？」

梁芬美感嘆地說，平地有平地的文化，山林有山林的文化。山林的孩子失去大自然，原住民的星星、月亮、太陽也被漢化所遮蔽，獵人的子孫失去方向感，也就此失去了自信心。「現在的孩子還要面對外來文化（甚至不只一種），如果核心不在人就會混亂，腦袋也不會清楚，就會像我說的，感覺浮在上頭，不踏實。」

於是她會告訴孩子們，以前的山有多綠、樹有多美、水有多清，每一顆石頭都有它的位置；在各自的位置上，便會顯露出最美麗的模樣。她也鼓勵年輕人一定要參加祭典，這是一種凝聚力量，是家鄉的「根」，只有在這時能清楚感受自己是真正的鄒族人，之後不管走到哪裡，都有這份力量支持著自己。

親力親為，重現孩子的笑靨

梁芬美坦言剛回鄉時也不是那麼順利。山上居民對回鄉的人會有非我族類的排斥感，甚至曾指著她的鼻子斥責：「妳有什麼了不起！你不懂家鄉事！」結果梁芬美輕柔回應：「對！我是很了不起。」緊接著反問對方：「你有好好做過事嗎？你有用心活過嗎？你對得起你自己嗎？我覺得我有，所以了不起。我的山林跟你是一樣的山林，我的腳沒有踩得比你們更高。」

遊走於台、美兩地的梁芬美，同時也繼續接受其他國家表演邀約，雖然合唱團有政府補助和民間善款，但無法完全支撐，必要時梁芬美還得自行補足經濟缺口。尤其山上的家庭多半拮据，而且部落分散很遠，所以她常一一接送合唱團的孩子，還負責買便當給他們吃；甚至父母送孩子來，她還補貼油錢。不僅如此，以往在美國學唱行情要價美金一百，現在接孩子來上課自己還要倒貼。

合唱團進進出出的孩子很多，目前大概維持三十幾個，芬美一面教說母語，一面教唱母語歌，其他時候，都是品格與文化的隨機教育。她坦言山上大人忙著生活，小孩子也常常跑去打工，「倒不如來練歌，還可以學一些鄒族的傳統。」芬美就像是個盡責的保母，用歌聲帶領愛唱歌的鄒族孩子們。

梁芬美回憶，曾有個被學校、被家長放棄的學生，才小學就會偷騎機車，甚至出車禍摔斷了腿，非常難以管教。後來經過梁芬美耐心傾聽，挖出孩子內心的聲音，才知道原來他在山下的學校被霸凌，有次終於忍不住還擊，沒想到那些欺負他的學生沒受到懲罰，反而是他被退學。「這個孩子因此受挫到自暴自棄，於是我就把他帶到合唱團來。」經過漫長時間撫慰，悲傷的孩子終於會笑了。「他的聲音多好聽！才國中就擁有成熟的音質，他的改變連我都感到驚訝。」

然而合唱團雖獲得補助，金額卻十分微薄，但孩子每次表演，芬美堅持一定給表演費，不足的部分就自己掏腰包支付。甚至她家鄉的兄弟姊妹也一個個都來幫忙，碰到表演活動時，哥哥當攝影、弟弟當招待、工作人員，妯娌幫忙看顧表演的孩子，全都成了義務役，整個家族人仰馬翻！

但當她看到如今已有一位學生要從音樂系畢業了，另一位也進入聲樂系，芬美鐵口直斷他們將會是台灣未來的熠熠明星；此外還有多位學生進入外文系，師法芬美的人生經驗想出國闖蕩自己的一片天。這時她深刻體會到：「鄒族孩子們的自尊心已慢慢給『唱』了回來。」而梁芬美童年擺盪的那片茂密竹林，也已深植孩子的心中。

「Passion is the food of life! Love on!」梁芬美與她的「阿里山青少年合唱團」已用事實來證明——只要以愛來擁抱，自體就能發光。（文／佐渡守）

最重要的小事╳梁芬美

要活得尊嚴、有自信，首先就要貼近土地，傾聽家鄉的聲音；一旦對自己的「根」有了認同，面對生命的磨難與挫折，才能無所畏懼。

雕剪生命的美麗輪廓

紙藝大師
洪新富

紙，是紙藝家將平面翻轉成立體3D的奇巧魔法；紙，也是純真孩童初探創造發明最便捷的任意之門。飛羽、走獸、花草、人物，乃至城堡、古蹟、器械、玩具，從四歲摺出人生第一隻紙鶴開始，洪新富便掉進紙的世界，浸淫這門技藝超過四十年。單憑利剪，甚至僅用雙手，就能將平凡無奇的紙張，注入令人驚豔的生命力。

洪新富畢生對紙藝滿懷熱情，如今已淬鍊成國際大師，並代表台灣走過二十多個國家與一百多個城市。然而卻鮮少人知道，當年令他踏上這條人煙稀少的路，並堅持一輩子的理由，竟只是為了實現一份與外婆的私密約定，以及履行自己對「關懷」二字的承諾。

「阿富仔啊啊啊！」聽到媽媽高分貝尖叫聲，年幼的洪新富就知道自己又闖禍了。無論是為了摺紙將神桌上的香灰灑得滿地狼藉；或為了摺紙把米店送的日曆從年初撕到年尾。只要在媽媽眼界之外，家裡一旦發生突發狀況，不作他想，包準是「阿富仔」為了「玩紙」又幹出什麼好事。

最初的夢想，只有外婆能懂……

洪新富正式玩紙是從四歲開始。那年代的人們生養眾多，通常姊姊在校學了什麼，回家就會摺給弟妹玩。對幼兒的洪新富來說，紙球、紙飛機、紙船已是熟到不能再熟的玩具。所以當他第一次看到姊姊帶回紙鶴的時候，便大感驚奇。紙鶴因步驟較多，對四歲小孩有些艱難，所以他要求姊姊一步一步教導，再仔仔細細把步驟背下來。陶醉其中的小洪新富用日曆紙一摺再摺，連續摺了二十幾隻，但等媽媽一天撕一張日曆實在太慢，迫不及待的他便自己爬上板凳去撕；隔天媽媽一看，日曆已被撕到見底，想當然耳，「阿富仔」又要被修理囉！

活潑好動的「阿富仔」，從小在二重疏洪道的城市邊緣長大。父母親在市區忙創業，他則跟著父親的貨車到處跑，閒暇時光就去泡書店。洪新富小時候非常愛看《十萬個為什麼》，特別喜歡有關創作、發明的題材。然而小學生最容易取得的勞作材料就是紙，「尤其我有一個開印刷廠的叔叔，需要廢紙，就去跟他要，我永遠有用不完的材料。」

對洪新富而言，外婆蔡彩鳳是他小時候唯一的知音。（洪新富提供）

樂此不疲的摺紙男孩每天都有新玩具，每天都有新發現。但大人怎麼看他呢？小四的時候有次家庭聚會，父母問孩子們長大後想做什麼。大姊想學畫畫，當時家裡已經湊錢讓她學畫；三姊想學鋼琴，媽媽願意兼差，這樣三姊也有經費學琴。但當問到洪新富時他卻說：「我希望你們不要阻止我，我想繼續摺紙。」結果家裡沒人認為摺紙是正經事，因為摺紙討不了飯吃。

不被家人了解，洪新富感到非常悲哀。結果外婆找了個機會對他說：「你難過有什麼用？有本事就去改變世界對你的看法，去證明你的價值啊！」洪新富聽見最疼他的外婆願意支持，立刻受到鼓舞：「好！我長大一定要把摺紙發揚光大，讓每個人的興趣都能得到尊重。」他信誓旦旦地承諾外婆自己一定會做到，這是他們祖孫倆不為人知的小祕密。

就這樣，「行動派」的洪新富隔天便在班上組織摺紙社團，把他所會的技術統統教給同學，並跟大家約法三章，長大後要一起推動摺紙。其實這個社團核心成員只有三人，等到國中就只剩下他一人；更令人傷心的是，小學畢業，外婆就溘然長逝……

透過剪紙妝點晦澀青春

一起摺紙的好伙伴脫隊了，最疼洪新富的外婆也離開人間，當他逐漸步入善感的青春期，因著不被了解的苦悶，與家人關係陷入緊繃。「每回想念外婆，我就默默躲起來摺紙。」因為紙藝是他跟外婆的終生約定。

由於洪新富熱愛自己動手ＤＩＹ，成為毛躁易怒的國中生後，他連武器都會做了。「我做的十字弓可以射穿厚厚的木板，但試射後立刻就把它毀掉。」洪新富知道自己這樣繼續下去，總有一天要進少年隊，他不能做出讓父母擔心的事，所以必須找到向上的力量；而紙張就是他最熟悉的東西，於是他開始追求進步，從摺紙轉為練習剪紙。

最初練剪紙的時候，手上刀子調整半天都對不到正確位置，「因為我眼睛受過傷，只有一隻能對焦；又長期幫父親送貨，雖然力氣大，卻無法做細微的動作。」但他強迫自己的心定下來，一刀一刀慢慢剪，學成後還不滿足，最後連圖樣都自己設計，成品精緻到讓同學紛紛來「下單」，預備將這樣獨一無二的美麗剪紙，買來送給心儀的女孩。

然而大概天生逆骨吧！向來在Ａ段班前五名的洪新富，畢業後拒絕上高中。他假裝聯考失常，讓自己高分落榜，決意就讀五專，進入心目中第一志願的世新印刷攝影科。父親在註冊前一刻還暗示他：「你現在想重考還來得及喔！」洪新富堅定回答：「為了證明我的能力，我跟你打個賭，在我五專畢業之前，就有聘書會到校！」

五專時，他除了進入「民俗藝術社」，用紙藝解救「倒社危機」，讓民藝社成了全校前十名的熱門社團；此外他還意外找到小時候暗戀的女同學，為了給她一個驚喜，花了一個月時間研究翁參隆著的《紙裝飾》，將書裡每件作品都仿製一遍。最後他寄給這位女孩一張立體卡片，沒想到此舉卻讓他收到人生第一張好人卡，女孩說：「我家信箱壞掉了，不好意思耶～我沒收到。」

雖然這段告白最終宣告失敗，不過緣滅的情感卻造就另一樁美事。曾為了追女孩鑽研翁參隆的手藝，洪新富後來因緣際會也採訪到本尊，他將臨摹的作品帶去給翁老師看，其中有件登月小艇的創作還被大力讚賞：「我當了這麼久的（工藝）老師，出版這本書十年了，你是第一個將它做出來的學生。」從此洪新富與翁參隆維持亦師亦友的情誼，每週都背著書包去老師家報到！

到了洪新富十九歲的時候，某天翁參隆突然一時興起，建議他可以出本書：「老師就是要當學生的墊腳石，能教出比自己更傑出的學生，才是老師的榮譽跟天職。」憑著翁參隆這份信任，洪新富將自己所學的印刷攝影加上旁聽來的編採知識，隔年終於完成人生第一本紙藝書，並於二十四歲由出版社買下版權正式發行。

用心推廣，讓「紙藝」飛颺國際

四歲摺紙、十四歲剪紙、十七歲學紙雕、二十歲寫書……

洪新富尚未踏出校門，就已為未來生涯奠下深厚根基，擘畫明確的方向。雖然這是一條很少人走、家人也不看好的道途，但他認為自己在紙的領域並非踽踽獨行。包含翁參隆在內，洪新富一生中共有四位堪稱國寶級的良師——金爾莉，教他觀察細微之處以及找到色彩平衡美感；簡福隆，淡泊名利、為人嚴謹，對洪新富毫不藏私地傾囊相授；賴楨祥，性格內斂與洪新

泛黃的青春時光，洪新富一頭栽進紙藝世界。（洪新富提供）

富的外放個性強烈對比，雖從不承認彼此的師生關係，卻以自身觀念言行，給予洪新富深刻的影響。

洪新富是「自通型」藝師，他承繼的不是大師的技術，而是他們的觀念，以及對紙藝、對生命的品格與態度。

接著，他開始以自己的專業與世界展開對話。在洪新富周遊列國，以紙藝分享台灣美好的同時，並於二〇〇三年當選「十大傑出青年」。尤其他在宏都拉斯舉辦展覽，讓當地總統的母親為之驚豔，由於捨不得他回國，便頻頻留他下來協助推廣教育；在瓜地馬拉，文化部長更對洪新富的作品愛不釋手，並對他的創作分享感動至極；在中國北京，參與交流的人受到很大的刺激，因為他們從洪新富身上發現，傳統紙藝產業化已悄悄萌芽。

過去的傳統技藝，多數限於手作教學，不知市場在哪裡，也看不到未來。所以洪新富不斷從事推廣工作、接觸群眾，還主持電視教學節目，努力將自己的想法擴散出去，就是希望能創造市場，讓傳統藝師重回舞台。有了市場需求之後，他便慢慢將紙藝簡化，讓普羅大眾更容易入門。

在地關照弱勢，「善循環」生生不息

但洪新富的最終目標，是想實現「在地關懷」。

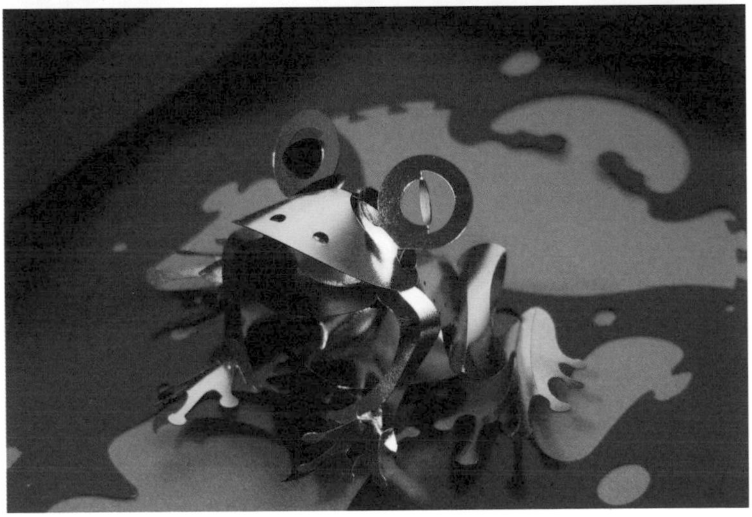

上圖：洪新富於拉斯維加斯「世界展場博覽會」推廣紙藝。（洪新富提供）

下圖：洪新富紙藝作品「吹牛」。（洪新富提供）

近幾年洪新富承攬大量各地縣市政府燈會的設計製造，他會使用環保合成紙，印刷也採大豆油墨，燈具強調無汞電池；更重要的，他還要求將生產線拉回台灣，交由庇護工場（如單親家庭、家暴婦女、身心障礙者的就業輔導機構）負責組裝。由於庇護工場分散成一個個工作站，或許有點麻煩，但只要能夠幫助更多弱勢者穩定生活，他認為一切都是值得的。

從小就見義勇為的洪新富，卻被視為打架鬧事的不良學生；熱心推廣紙藝，也曾屢遭同儕封殺排擠；成立社會團體，又因抓弊得罪小人……然而這些挫折，在洪新富力行正面思考的人生後半場，都被他一一擁抱，化為祝福。

「現在想起來都很美好！如今我已近五十歲，人生原可以很瀟灑地過，但有沒有一種可能：在生命消失之前，為世界帶來一些正面影響？」他表示這就是自己該做的事，把自己當成「公器」又如何？「計利當計天下利，求名應求萬世名。」他以于右任這段話勉勵自己。

洪新富坦言從小到大受到很多人的啟發與祝福：「我有一個簡單的『善循環』概念，今天你對我好，我無以回報，那麼我對他好，也許有一天他會回饋到你身上。」或許在這充滿負面新聞的時代，創造一點正面能量，就能讓世界更美好，哪怕微不足道，這些不斷累積的善念，就能讓更多人過得更幸福。「這就是我想透過紙藝來傳達的生命價值。」洪新富堅定地為他的創作目標下了最後註解。（文／佐渡守）

最重要的小事 ╳ 洪新富

把握自己也尊重他人的理想，任何一個微小興趣都可能成就不凡的人生。

染亮生活的溫煦質地

三峽藍染

王淑宜

「你了解三峽嗎？你聽過藍染嗎？」——走在三峽民權街的歷史街區中，除了牛角麵包好好吃、山牆立面好古雅、祖師爺廟好藝術之外，你可曾抬頭仰望富麗堂皇的巴洛克街屋，看著牌樓上的「染坊」二字感到疑惑？

其實早在二十多年前，三峽人王淑宜就曾這麼問過自己。面對老街留下的十幾家染坊古厝，過去造就三峽一頁輝煌的染業究竟是什麼光景？不了解藍染，能算了解三峽嗎？

三峽老街，過去曾是盛極一時的「染布街」，然而最終除了徒留牌樓供人瞻仰，「三角湧染」四個字早已佚失在百年煙雲之中，不但六七十年來無人染布，連技藝也完全失傳。「三角湧染」這團問號，成了王淑宜內心經常的騷動。

於是一九九九年一次因緣際會，包含王淑宜在內，有一群三峽人啟程了。他們帶著一顆單純、懵懂、考古的心上路，前往「找尋失落的三峽染」。從認識文史風土到研究藍染植物，甚至重回課堂赴師大學染藝、輔大學設計，沒想到一路走來，一疋疋或深或淺的水漾藍布，正像「三峽染工坊」門口那如虹般從大陶缸蜿蜒出的意象，不但穿越時空，引領他們通過歷史長河，還找回三峽染，闢出一條「青出於藍」的復興之路。

為百年歷史染出一片湛藍

三峽，古地名叫「三角湧」。「湧」字意為波浪，亦即三峽是個三面環山、三水來聚的所在。拜清朝海禁開放之賜，早期台灣墾拓期湧入大量移民，平地良田之外，像三峽這樣的坡地正適「藍草」生長，是漢人最早的經濟作物。「藍」字從艸頭，本指做為染料的植物而非顏色。荀子《勸學》也指出：「青（色），取之於藍（草），而青於藍（豔色更勝藍草）」，同

三峽染工坊的手工藍靛染色用陶缸。（王淑宜提供）

時也可得知藍染的運用由來已久，從商周即有記載。

本地藍草以鹿港為界，北台灣以「馬藍」為主（另稱「大菁」），南台灣則多「木藍」。山坡地的先民採藍製「靛」（深藍色染料），早於茶業興起之前，藍靛的外銷一度曾占全台總產值第一，被稱為「藍金」。當時三峽的對外交通仰賴水運，河面上常泊有數十艘紅頭船通往艋舺，憑水利之便，加上適合「漂布」*的良好水質，染布業很快發展起來，三峽成為北台灣重要的集散中心，離渡船頭（現祖師廟橋頭位址）最近的三角湧街也隨之發達，成為全台僅見的染坊一條街。

臨街的前進皆為店面，臨溪的後進則為染坊。王淑宜指著老街一家染坊說：「像『金聯春』這樣的店家，後門一開就可以直接溪上漂布，溪埔晾曬。」除了應付文武市（文市：零售；武市：批發），還能賣到桃竹苗的客家庄，甚至外銷大陸。「客家穿藍布衫，閩南也有大襟衫，總之就是常民服裝。以前的染坊布莊會帶上夥計，擔著布到外地賣，一個月才回得來。」

然而清末的三角湧街，並非現今的三峽老街原貌。西元一八九五年的乙未之戰，清廷割讓、日人領台，此事遭義軍反抗，日軍憤而在三峽焚街屠殺以報復，染業因此停滯沉寂一段時日，染坊才逐漸舊地復甦，再展鴻圖。一九一六年日本政府於原址重劃八米寬街市，百多米長的造街，含括「陳恒芳」、「林元吉」、「金聯春」等店家，師徒相傳、同行結市，聚集了十多家染坊，各家都有自己的獨門絕活與配方。染布業的興隆，就連地主、仕紳、秀才也想棄儒

＊藍染的布經染缸浸染之後，要取出用清水漂洗，此稱「漂布」。水若乾淨，漂布時就比較不會沾惹雜質；水質若好，也較不會影響定色效果，色澤就佳。藍染需要一次又一次反覆的「染、漂、曬」，這幾道工序都很重要，所以有山（藍草）有水（漂洗與運輸），是天賦三峽地利的好條件。

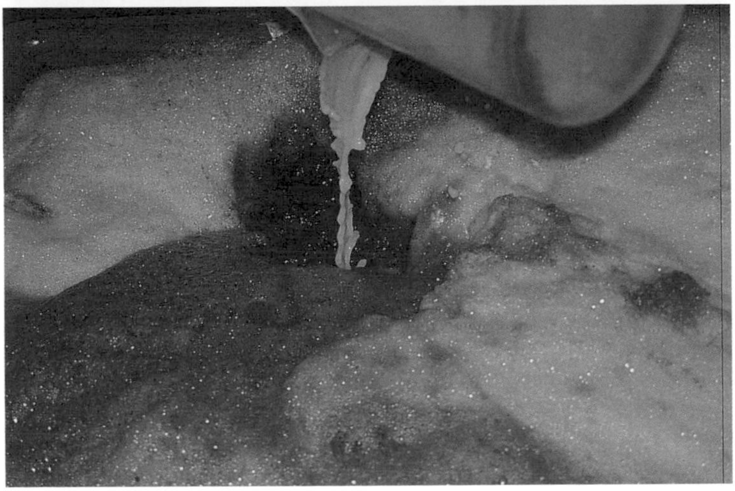

藍染原料製作過程耗時又費工。（王淑宜提供）

從商，逐漸形成今日所見的老街建築群。藍染，無愧讓三峽老街成為全台一百七十二條老街中，最長、保存最完整的歷史基業。

傳統藍染，是將泥狀的藍靛加木灰或稻草灰與熱水一起浸泡，並倒入米酒與麥芽糖助其發酵。還原之後的染液為墨綠色，布染出來剛開始呈黃綠，待撥開染布，接觸空氣氧化之後，就變成藍色了。初染是淺藍，想要染成深藍，就得經過一次又一次的「疊染」，其色的深淺及圖案變化，正是取決於「染」的次數與「紮」的功夫。

「三角湧染」聞名遐邇，連海外文獻都有記載，像是「陳恒芳」及「元芳號」染坊就曾被選入日本萬國博覽會並得到褒揚。然而，到底「三角湧染」的特色是什麼呢？原來，三峽特有一種深藍近黑的「烏漂洋布」，好穿耐髒，是由棉或麻製的白布以薯榔染褐，再以藍靛染之，這種工法使布更易上色且不易褪色。加上經染經曬會使布疋發皺，三峽染坊特以砑石加工碾光，成品美觀平整賣相佳，連當時日本人都豔羨不已，而使三角湧染博得美名。「現在老街上有許多供遊客休憩的椅子，很多人都不知道，那一顆顆長得像倒扣元寶的石頭底座，其實就是代表染布的砑石復刻版呢！」王淑宜說道。

身體力行，尋找失落的三峽染

原擔任小學教師的王淑宜，本以為自己將會一輩子待在教育界直到退休，沒想到一念使她跨界成為藝術家，一念使她跨國負笈攻讀博士。她說：「教書的時候上到社會科，談及家鄉產業，茶業也好、樟腦也好，都能琅琅上口，可是一提到染布就完全不行，答不出來，明明染坊美麗的山牆立面，就一直聳立在那裡……」

這顆好奇的種子良久梗在她心裡發不了芽，直到一九九四年適逢乙未之戰百年，王淑宜承辦的公部門委託她編輯與老街相關的文史資料，終於有機會訪談地方耆老，如金聯春的後代廖富本、李梅樹的長子李景暘，以及製作藍靛的老師傅、收集中藥材「青黛」的老先生等，才逐漸有了三峽藍染的輪廓可循。「所謂的青黛也是接觸了之後才知道，原來藍靛製程中的泡沫還可以做藥，是用來消炎的。」青黛又叫青缸花、靛沫花、靛藍粉，從其俗名確實得以想像。

一九九四年，三峽社區人士組成「三角湧文史工作室」，後因會務發展需要，一九九六年正式成立「三角湧文化協進會」，三峽染的田野踏訪與文獻於是更加完備。然而染藝技術卻仍付之闕如，即便有染坊後人廖富本（同時也是協進會第一屆理事長），但他身為少爺，當年既無接觸桶高一米五的染缸，也進不了酷熱又忙於粗活的染房，更遑論親炙修習染藝了。直到一九九九年，包括王淑宜在內，這群摸不著邊的三峽子弟才終於有緣結識在草屯工藝中心服務的馬芬妹，與時任南藝大的陳景林老師，二位老師研究製藍已有數年時間，由此，三峽藍染的文化考察與技術實作才正式接軌。

在陳景林老師的指導下，最後一塊拼圖完成了。這群扮演「三峽藍染穿越劇」的三峽人，親手採擷三峽產的大菁，親手調製出第一桶古法染液，親手染出消失七十多年的第一條藍巾！

「三峽染」的神祕面紗至此終於揭開，宣告在世人眼前甦醒。

與市場接軌，跨越一甲子逆轉頹勢

挾著令人振奮的成績，三角湧文化協進會立刻組織「三峽染技術復原團隊」，並於二〇〇一年成立「三峽染工坊」。

投入了二十年光陰，現在已是協進會榮譽理事長、同時正在日本千葉大學攻讀設計科學博士的王淑宜說，染工坊成立邁入第十五年，從起初失傳技術的復原，之後一步一步走向設計的創新。「早期先民簡樸的衣著一藍到底，褪色的待過年再補染又煥然一新，總要破到無可縫補才會裁一裁給小孩當尿片，料子好一點的還會等百年跟著自己入棺；所以可想而知，花樣並不是首要追求。」

但一項傳統技藝的復興，需要市場青睞、跟上流行，才是吸引群眾的關鍵。「現在工坊成員都有一個通性，例如去菜市場看到青菜也能出神，思考怎麼將這把菜的線條運用到設計上頭。或是懷有小心機，買衣服先看材質標示，百分之百純棉純麻純絲才會買，而且一定買白色，因為等哪天靈感來了，就能染成一件獨一無二的創作品。所以打開我們的衣櫃，白色衣飾都一件件變成藍的了！」

過去三峽染會急遽萎縮乃至失傳，起因於化學合成染料的發明以及陸路開通、河港的淤

正進行「型糊染」示範教學的王淑宜。（王淑宜提供）

塞，受到衝擊的三峽染，在短短兩三年便整個潰散。然而經過逾一甲子的歲月逆轉，在現代人愈來愈講求健康、環保融入生活的當下，使用植物染料的藍染藝品反過來更受普羅大眾歡迎，尤其因純天然材質的布料，才能染出較佳定色效果，所以選擇藍染的服飾，幾乎等於是杜絕化工製品的保證。

擔任三峽文化協進會榮譽理事長的王淑宜表示，協進會自二〇〇二年與公部門合作「三峽藍染節」至今已達十三屆，一個原本屬於社區居民的尋根之旅，如今已晉升並擴大為政府推廣與保存文化的慶典及觀光活動。歷年來參與工坊的成員眾多，光三峽在地就超過二十位：「因為我們成員編號從A到Z都用過一輪了，第二代的新成員加入也有十年了。」染工坊每個成員的發展方向都不同，有朝向實用性、積極開發商品；也有鑽研技術，將設計提升為藝術品。風格舉凡時尚或古樸所在皆有，個人作品的識別度相當高。

「我深深記得第一屆藍染節。當籌辦的事情都忙完之後，天色也晚了，我開著車回到文物館前的戶外會場，想做最後一次巡視。當我抬頭看見夜幕下亮起的街燈，照在高掛的藍染長布上，一時間感動竟滿溢得湧上眼眶，隨著淚水流了下來。」因為這個從無到有生出來的孩子，已經成為地方表徵，即將要站出來跟外界說話了。

三峽染經過這場工藝復興之後，近年與國際多所交流，也赴中國、韓國等地展出，其中大幅山水意象作品如「三峽春曉」等，甚為獨特引起矚目。另外也曾多次邀請日本擁有百年技藝傳承的專家，來台共同鑽研「片野染色」等古技法。王淑宜說：「突然覺得，藍染已經不再是

右圖：藍靛染色的扶桑花手提包。（王淑宜提供）

上圖：二〇一四新作——「藍茶道」系列。（王淑宜提供）

個人興趣。這一門工藝立基在文化之上，路很長遠。」

她笑著表示：「所以我們成員都會互相打氣，千萬要『保重身體』，因為——藍染就是生活，藍染就是地方精神，藍染的創意與承繼的活水綿延不絕，未來還想走好幾百年。」（文／佐渡守）

最重要的小事 × 王淑宜

振興老技藝，市場是必要關鍵；跟上時代，讓「流行」成為推波助瀾的一環，傳統也能持續熠熠發光。

傾注畢生心力灌溉織品服裝教育

輔仁大學織品服裝學系創辦人

羅麥瑞 修女

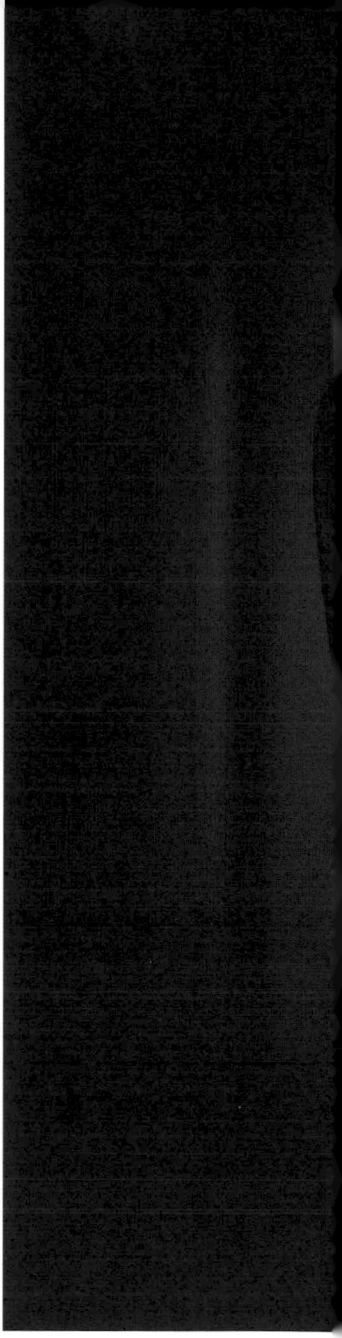

穿著一身修女袍，臉上掛著金邊眼鏡，盤起絲絲白髮的羅修女，臉上止不住親切笑意；來台傳教將近五十年的她，在民風純樸的年代，於輔仁大學成立全台第一間「織品服裝學系暨研究所」，並早眾人一步開始推廣與保存台灣原住民及中國少數民族織品藝術，羅修女秉持著「以人為本」的信念，培育具備人文、創新、國際化的織品服裝產業人才。

「我真的很不想接受訪問。」羅麥瑞修女劈頭第一句話便直言不諱：「過幾天輔大五十週年活動也要訪問我，但真的沒有時間，我的時間應該要用來教課，還有寫文章的。」羅修女一邊準備茶點，一邊笑著抱怨。一般而言，修女常給人不食人間煙火、超然出世的印象，聽她這樣真性情卻又誠實可愛的發言，實在教人忍俊不禁。

投身國際傳教，飄洋過海來台灣

或許與成長背景有關，羅麥瑞修女給人一種率直真誠，卻又嚴謹自持的印象。她出生於德國西部靠近荷蘭的小農村，村莊裡大多數人都是務農的天主教徒，羅修女也不例外，求學時便進入農業專科學校，學習各種莊稼技術。在校最後一學期，年輕的羅修女參加一場經驗分享會，主講者是來自智利的傳教員，羅修女和她最好的朋友覺得這個修會很不錯，便一同加入，由於此修會主要以海外傳教為宗旨，最後朋友去了非洲迦納，而羅修女則被派遣來到台灣。

當年羅修女決定加入海外傳教的行列時，就毅然決然和家鄉親人道別，「在那交通不如現代方便的情況下，幾乎不會再有見面的機會。」羅修女回憶，民國四十八年進入聖神傳女傳教會後，於民國五十二年從德國出發，坐了四個星期又三天的船到達菲律賓馬尼拉，並於當地教會學院修習英文，直到完成學業後，再等待下一步分派。

最後羅修女在天主安排下，於民國五十五年來到台灣。彼時國內還處於開發階段，物資普

上圖：羅修女（前排右二）六歲時完成「初領聖體」儀式。（羅修女提供）

下圖：年輕時於台灣傳教的羅修女。（羅修女提供）

遍不足。「坐船到台灣要四個星期，會選擇乘船，除了比飛機便宜之外，還因為可以順便攜帶藥品等物資。」羅修女回想過往，以前天主教還被稱為「麵粉教」，就是源自於此。

羅修女在馬尼拉接受英文教育，是為了準備下一步至台灣輔仁大學服務，但民國五十五年初到台灣的她還是必須從頭學習中文。因此她便到當時第一屆開課的輔仁大學語言中心上了兩年中文課，才正式進入輔仁大學。「那年輔大不比現在，連校舍都還沒建好，什麼都沒有，是許多年輕修女和神父、修士們，一點一點打拚出來的。」羅修女想起當年大家一同努力的情景，嘴角漾起滿足的微笑。

發展自身專業，設立「織品服裝學系」

或許冥冥之中自有天主引導，羅修女早年接受德國農業專科教育，已經習得基礎服裝與織造技術，在馬尼拉除了修習語言之外，很自然地繼續精進服裝製作等家政相關學識，並雙主修教育學程。來到台灣第二年，她已在輔大家政營養系教授偏向實作、對語言能力要求較低的服裝課程。

輔大會發展出「織品服裝學系」，除了羅修女擔任推手之外，還有其地利之便。當年校園四周都是成衣廠，後門一出便聽得到織布機和縫紉機運作的聲音，帶學生進去參觀相當方便。此外當時台灣像所有開發中國家一樣，經濟著重發展勞力密集的紡織業，需要眾多人才投入，這也是輔大織品系成立的一大助因。

當時輔大算是全台灣第一所設有織品系的大學，也曾遭遇不少困難。「很多人，甚至連教育部都不太懂，為什麼只是做衣服還需要有大學學位。」羅修女感嘆，還好過去土城紡織研究中心的一位工程師幫了很多忙，蒐集許多美國大學型錄向教育部證明，織品服裝不只是手工製衣，還富含相關設計的學問，「直到我們奮鬥一年，才讓教育部點頭答應設立織品服裝學系。」

但學系成立之後，並不是所有事情就此一帆風順，下一個階段就遇到了專業不足的困境。羅修女在系上教了一年課，為了解決專業缺乏的問題，馬上飛往美國威斯康辛大學修習織品科學碩士。認真的她，抱著把最新織品服裝知識帶回台灣的使命，連寒暑假也不肯休息，不斷繼續上課以吸收新知。

完成碩士學位後，羅修女轉往時尚首都紐約，進入當時最具名聲的「ＦＩＴ流行設計學院」（Fashion Institute of Technology）進修一年。「我一個修女在紐約跟人家學時尚，穿著修女服，感覺是有點不一樣。」羅修女說到這忍不住又笑了起來，「但我會選擇在紐約進修，主要是希望能了解整個時尚產業運作的過程。」說到此，羅修女務實的一面馬上又跑了出來。她分析自己在威斯康辛大學學的是理論，但和實際產業不免有段差距。「而且到了紐約，才了解各大公司在那裡都設有總部，台灣打樣出來的樣品都會送去檢驗，看有沒有達到要求標準。」

在紐約進修一年的經驗，對羅修女和往後輔大織品系均有極大影響和幫助。待她學成回台，很快就依照所學將系上課程分為「服裝設計」、「布料設計」與「產業行銷」三大方向。「當時大家根本還不了解行銷到底在做什麼，設立『行銷組』是有點超前時代，不過現在看起來，這個決定果真是對的。」羅修女言談中掩不住自豪，因為專業輔助才能有先見之明，洞見較為長遠的產業趨勢。

最初織品系是從家政營養系分割出來的，在當年「男女有別」時代氛圍下，便有女孩較適合「家政」的刻板印象，很少有男生前來就讀，後來社會風氣逐漸開放，系上才有愈來愈多對織品服裝有興趣的男學生。「好在這些學生無論男女，後來都有很好的表現，織品系才能繼續順利地維持下來。」她欣慰地表示。

拋下質疑往前走，夢想亦有貴人成就

但羅修女也曾懷疑自己。她出人意料地說道：「我口才不好，在這邊除了要教學生，還要跟業界的人接觸，去拜託他們幫忙。我那時候一直在懷疑，難道一輩子真的就要這樣子過了嗎？」羅修女不諱言當時一直向天主禱告，希望能夠獲得幫助，就算是一兩句箴言也好，「我翻著聖經，隨機停在某頁，看見了一句話……」羅修女戲劇性地頓了一頓。「天啊！我居然看不懂，那句話沒有內容呀！」據羅修女形容，那是一句很美的建言，起初感到惶惑，待她耐心咀嚼、思考過後，才慢慢參透其中含意，「後來我便被天主說服了。」她自此就在輔大織品系

一九七三年羅修女於美國紐約進修。（羅修女提供）

先後擔任了十五年的系主任與九年的研究所所長，之後更以專任教師名義留到現在。當大家忍不住好奇心，開口問了羅修女天主賜予的那句話究竟是什麼。「這個嘛……」羅修女狡黠地眨了眨眼，「就是我和天主之間的祕密了！」

然而輔大織品系成立至今，中間也經過不少考驗。尤其目前這間新大樓以前是沒有的，多虧「中興紡織股份有限公司」才有現在舒適的上課地點。羅修女言談中充滿感恩之情：「那時候剛拿到中興紡織給的補助，就有人叫我們要快點蓋教室！當時的建築師林柏年這麼建議：『日本大地震了，台灣建築法規馬上就要改，趁現在還沒改快蓋呀！』」羅修女一開口，大家又是一陣爆笑。卻想不到一開始的資金只夠蓋到四樓，五六樓只能先圍出大樓外牆，「裡面都是空的，只有幾根柱子。」羅修女眉眼盡是雲淡風輕，她坦然地繼續說著：「其實這也是上天的祝福，那時候設計時，根本還不知道我們後來會怎麼使用，如果全都蓋好，現在若要重新設計還得打掉水泥重蓋，就變成一件大工程，如今反而變得很有彈性，有更多利用空間。」

當人用盡全力要來成就理想，並盡心幫助社會散出繁茂的枝葉，自然會有貴人相助。「除了中興紡織為我們添購硬體設備，『勤益國際紡織股份有限公司』也在我們致力文化保存時提供很多幫忙。」羅修女一九七五年從美國學成回台後，開始關注並致力典藏台灣原住民與中國少數民族服飾。傳統服裝的典藏與建立清冊系統需要大量財力支持，勤益紡織得知羅修女有心落實文化扎根，經過了解之後被羅修女的信念打動，提供一筆基金添暖，成為羅修女背後最強而有力的後盾。幾年下來，豐厚的藏品吸引各界爭相邀請展出，從台北美術館、國立台灣歷史

上圖：輔大織品服裝學系教職員為羅修女歡慶七十五歲生日。（羅修女提供）

下圖：羅修女特別關心台灣原住民與中國少數民族服飾文化的保存與維護。

博物館、國立自然科學博物館、國立台灣史前文化博物館、故宮博物院，甚至義大利佛羅倫斯的文化機構都曾經先後邀請出借藏品。

培育學子國際爭光，期待引領服裝「台流」！

「服裝」是全球性產業，但又與文化息息相關。「從前的製衣大都是由歐美負責設計，亞洲國家只能單純生產或代工。」羅修女語重心長地表示：「這是一個應該要改變的情況。」在亞洲，日本漸漸走出自己的服裝設計風格，現在全世界幾乎也都刮起時尚「韓風」，羅修女看好台灣，認為下一個走出自己設計風格的亞洲國家，應該就是台灣了！

「大家都說人是由身體和靈魂組成，但我覺得不只，人應該是身體、靈魂和衣服所組成的。」羅修女補充說道，人一生下來就跟織品有關，而人和動物的其中一項差別，便在於我們懂得藉衣蔽體，「衣服代表身而為人的尊嚴。」羅修女說的這些，重點還是在於我們應該要走在時尚前端，而不能成為服裝的奴僕，因此所有設計都應該是要以人為本，除了滿足人的基本需求之外，還具備展現自我價值等文化心靈面向。這也是羅修女念茲在茲，教導學生最重要的一件事。

「我覺得什麼都嘗試是最好的，從信仰立場來看，至少上天為我鋪了一條路，那至少也要試看看吧！」從無到有建立一個涵納上千學生的系所，途中必定經歷無數辛苦和阻礙，或許就是需要像羅修女這種具備無私奉獻精神，又帶著一身傻勁的園丁，點滴灌溉培育，才能使輔大織品服裝系從毫無生機的設計沙漠，綻放出瑰麗芬芳的花朵。

羅修女已將道路鋪設完善、路標指示定位，現在就等系上的學生們，能夠接替學長姊手中的火炬，持續發光發熱；並在不久的未來，替台灣在世界設計的光譜爭取一席之地！（文／陳承佑）

最重要的小事 × 羅麥瑞修女

做任何事都要循著人的需要、人的文化脈絡來前進，從中培養觀察能力，不因堅持己見、盲目追隨而遮蓋自己的眼睛。

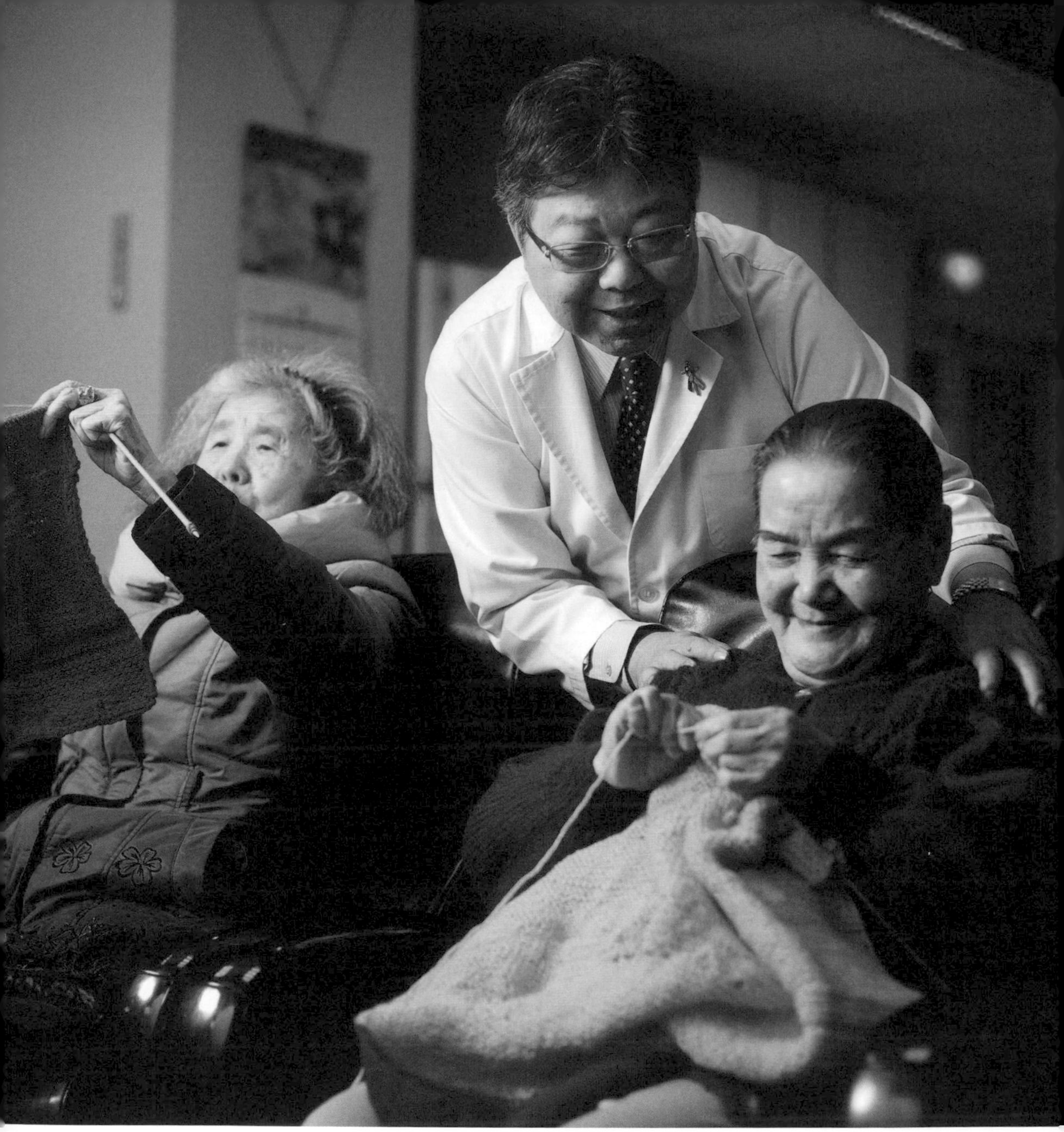

專走別人不走的路

天主教失智老人基金會執行長

鄧世雄

堅持「撿人家不要做的、不敢做的、做不來的做。」這是天主教失智老人基金會執行長、耕莘醫院前院長鄧世雄的名言。身為虔誠天主教徒，並獲頒「聖大額我略教宗騎士團爵士」的他，秉持史懷哲遠走非洲大陸的醫療拓荒精神，早在別人前面，是率先照顧失智老人的第一人。

老子曾在《道德經》說過：「上善若水，水利萬物而不爭，處眾人之所惡，故幾於道。」已屆耳順之年的鄧世雄如水般柔軟，為了率先投入各種醫療照護，幾十年來奔走政商界到處募款，從不放棄任何機會，即使罹癌，在動手術前一天也掛著病人手環出席募款晚會，為失智老人募款。

受主引領，踏上行醫道途

身為員工眼裡的「熱血院長」，鄧世雄儘管忙碌，鏡片下的眼神依舊和藹可親，面對不斷打進來的電話、簽不完的公文，永遠微笑以對，這讓他與同事感情非常融洽，大家一看到鄧院長，常會把他最愛的不加奶黑咖啡自動送來。現任監察委員的好友江綺雯回憶兩人相識過程，二十多年前在高雄當國大代表的她與鄧世雄同為教友，因緣際會聽到他的行醫抱負便非常敬佩，「他在醫療行政上很有天賦，只要看到別人不要、不敢做的事情，就會勇往直前，還能吸引很多人過來。而且他有個特色，他挺憨，一口香港腔調、話又不多，但很誠懇、很努力表達，裡面滿滿都是愛。」

這樣一個充滿愛的人來自香港。鄧世雄中學就讀的天主教學校十分重視五育發展，而他也深受神父啟蒙，儘管家人篤信佛教，鄧世雄還是在初二那年受洗為天主教徒。後來他陰錯陽差考上台灣大學醫學系，儘管在異鄉一個親戚朋友也沒有，鄧世雄仍毅然放棄已考上的香港中文

上圖：鄧世雄（左一）與足球隊隊友合影。（鄧世雄提供）

下圖：鄧世雄（右二）與大學同班同學共組「Virus樂團」，於大四時參與「民謠之夜」活動。（鄧世雄提供）

大學數學系，隻身渡海來台念書，再次選擇一條崎嶇之路。

醫學院課程繁重，但他生活不只局限於圖書館，用功之餘不忘運動玩樂，回憶那段無憂青春，鄧世雄眼裡綻放出光彩：「我不是死讀書的人，尤其熱愛足球，身材雖然不怎樣，卻曾擔任過球隊主將，第一次出賽就拿到冠軍，另外大二也跟同學共組民謠合唱團，參加比賽獲得第二名喔！」鄧世雄笑談當年也參與錄製余光、陶曉清和白嘉莉的節目，「好幾次受邀到電視、電台演唱，沒辦法，我就是喜歡走入人群！」除了念書、信仰、運動、音樂之外，鄧世雄也修了戀愛學分，遇到在法學院念政治系的老婆，一頭栽入情網，婚後也跟著在台灣落地生根，從香港人成為正港台客！

畢業後，鄧世雄決定留在台大醫院放射科服務，會選擇放射科，只因那是與各科都有相關連結的專業，非常適合他的個性，尤其放射科工作的特性對他而言，更是從事醫院發展與管理工作的一大助力。

「一切都是信仰的支持。」提及信仰，鄧世雄表示來台灣念書的第一件事，就是找到教堂和信仰接軌：「畢業後，醫學院的教友常會聚在一起分享交流，讓我們產生一種使命：將來要做一個天主教醫療人員，要和別人不一樣，有不同作法。」於是，鄧世雄和志同道合的醫界教友成立「大康寧基督生活團」，進入白色巨塔後，這群秉持理想的社會新鮮人仍帶著滿腔熱血，互相鼓勵扶持，督促彼此在實踐夢想的過程裡莫忘初衷。

民國六十八年，鄧世雄受天主教耕莘醫院院長袁君秀神父之邀，來到耕莘醫院任職醫生，

上圖：鄧世雄獲行政院衛生署頒發三等衛生獎章。（鄧世雄提供）

下圖：當了爺爺的鄧世雄（前排右一）與家人幸福合影。（鄧世雄提供）

經歷了放射科主任、醫務部主任等職位的磨練，他又在七十二年與「大康寧」伙伴共同成立「財團法人天主教康泰醫療教育基金會」，接下董事長職位，大家甘願當終生志工，開始「康泰」的築夢工程。到了七十八年，鄧世雄當上永和耕莘醫院院長兼新店耕莘醫院副院長，這讓他可以制定經營策略，進而影響往後推展全方位居家、社區和機構式的長照服務。鄧世雄說到此，露出一臉滿足笑容表示：「耕莘體系能建立一個無縫接軌的健康與醫療照護網絡，備受各界肯定，這得感謝教會、政府、無數民間企業和社會大眾的支持鼓勵和愛心奉獻。」鄧世雄強調從事醫療服務和老人照顧工作，專業知識和技術固然是重點，但是愛心和同理心的培養更是必要。因此到了民國八十年，鄧世雄更不計較是否虧錢，勇敢接辦衛生署全國第一個「護理之家」試辦計畫，成效相當優異，「若只想賺大錢過好日子，就不要來當醫師，也不要從事這些工作，但如果心中有愛，就會從服務中找到比賺錢更有意義的滿足與快樂。」他堅定說道。

著力失智照護，呼喚被遺忘的時光

當「安寧療護之母」趙可式博士將美、英安寧病房系統帶來台灣，耕莘醫院在她支持下，於民國八十四年創立全台第一家落實國際標準的安寧病房，並制定醫院最具特色的「四全」理念*，趙可式博士和鄧世雄更於康泰基金會和伙伴們致力安寧推廣和立法，「對我們這群執著的傻瓜來說，康泰真是個好平台，讓大家勇敢開創新事物，接受各種行政歷練，並厚著臉皮向各

*「四全」指的是身心靈健康的「全人」、「全家」（不只病人，還有家屬）、「全程」（生老病死）、「全隊」（跨專業結合的團隊合作）。鄧世雄表示：「醫院應該是一個充滿愛的家，員工應彼此關懷和支持。這四全理念是二十多年前和前任院長陸幼琴修女提出的，目前得到全台醫界的認同和推廣。」

界籌措經費。」因此當一切愈來愈上軌道，康泰便順勢推出幼年型糖尿病兒童支持團體和健康生活營、乳癌自我檢查篩檢和乳癌病友聯誼會等不同醫療服務，並將觸角伸往失智照護。

現今人人聞之色變的失智症，遍布全球三千六百萬，二〇五〇年預估增加到一億三千多萬人，成為各國必須面對的重要議題。「但在十八年前台灣根本乏人關注，政府民間甚至醫療人員都不清楚……」鄧世雄說到這不免感嘆，由於大環境專業度不夠，家屬很辛苦，「以前我們因機構條件受限，只能收容失能的病人，也因此拒絕了不少失智症患者入住護理之家，讓我開始認真注意到失智老人的照護需求。」原來失智者需要不同活動治療及遊走空間的規畫，同時照顧單元不能住太多人，「家」的環境營造很重要，光線、顏色和家具陳設也都要適應失智患者的特性。因此鄧世雄徵得董事會同意，由永和耕莘醫院和聖母聖心傳教修女會共同發起成立「天主教失智老人基金會」，開辦全國第一家專責照護失智症的「聖若瑟失智老人養護中心」，結合民間力量、督促政府，努力推動落實「認識他、找到他、關懷他、照顧他」的照護工作。

「但領先社會這個大環境，率先投入失智照護實在辛苦，因為病人沒有復元的未來，生命一定會漸漸凋零。」因此募款真的很不容易，社會大眾願意把錢捐給孤兒、身障者，卻對失智老人興趣缺缺，不認輸的鄧世雄曾主動拜訪某位大企業老闆，卻被當眾質疑一頓：「你的經營模式是什麼？這種不賺錢的事情怎麼會想做？成本效益在哪裡？」對方丟出一堆詰問當作回絕，但碰壁的鄧世雄依舊不放棄，繼續努力尋找資源，一步步讓對方從質疑、猶豫轉為感動付出。他感性地說：「天主就是要我們做好這個服務，我們居然得到時任副總統連戰先生與行政院徐立德副院長的全力支持呢！」他又說：「有一位篤信佛教的企業家，來永和耕莘醫院參觀後，發現醫院雖然老舊狹小，卻可以做這麼多公益，馬上主動捐款，讓大愛精神跨越宗教界線。」這些三顧茅廬終於成功的經驗，也幫鄧世雄打了強心針，使他更積極到處募款，「所以很多政府、企業機構都對我相當熟識，因為一聽到鄧世雄的名字，就知道『他又來要錢啦』！」鄧世雄笑道。

此外，基金會為推廣失智照護，陸續設計多場活動，甚至在國父紀念館舉辦老歌演唱會，吸引滿滿人潮，「當時馬英九是台北市長，還上台唱綠島小夜曲！現場就有人因此捐獻一百萬元！」老歌演唱會是個不錯的開始，後來鄧世雄又陸續舉辦一場場募款餐會，找來畫家歐豪年、李奇茂等大師幫忙，義賣他們的名畫收藏品，在連前副總統及社會大眾支持下成績都很不錯。「現在募款穩定就較少在辦大型活動，讓資源分給其他單位。」鄧世雄轉而投入社會宣導，曾找郎雄、孫越、黑人、Ella等明星名人拍宣導短片，幾年前還製作了轟動一時的紀錄片《被遺忘的時光》，試圖喚起大眾對失智症的關注。「台灣是一個充滿愛的寶島，只要我們做的事是社會需要的，用大愛的心做好每一件事，錢就不必掛慮太多！」

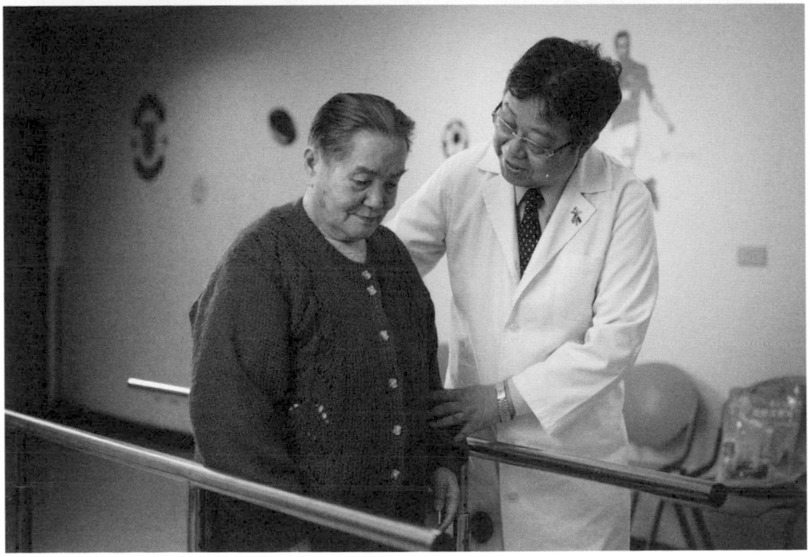

上圖：《被遺忘的時光》電影首映會，右一為孫越、右四為鄧世雄。（鄧世雄提供）

罹癌也不忘初衷，病癒後更積極行善

回想剛到耕莘醫院不久，鄧世雄就曾每週六安排教友醫師到天主教八里安老院為年長者義診，到了民國八十七年，台北縣政府以公辦民營方式，找永和耕莘醫院開辦「台北縣八里愛維重殘養護中心」，收容唐氏症、腦性麻痺和有肢體障礙的患者共一百八十多位。再一次，鄧世雄扛下這些「一定賠錢」的工作，但他愈來愈不害怕，因為經驗告訴自己，「做得好一定有貴人來相助」。四年前，新店耕莘醫院開始照顧新店溪洲部落，都是些早期從花蓮移居來的阿美族原住民，許多人有病不敢去醫院，因為沒有健保卡，健康知識很不足。有鑑於此，醫院成立專業團隊，去幫助他們取得健保卡，安排就醫，並派醫生、護士定期到部落宣導衛生預防保健等觀念，還訓練原住民成為居家照服員，不但創造就業機會，也讓他們懷抱希望與成就感。

民國九十五年，這位在下屬眼中「永遠都在工作」的大忙人，被診斷出罹患直腸癌第二期，看到大腸鏡影像的剎那，他內心沒太大波瀾，只祈求上主：「如果祢還有事情要我做，就請讓我好起來。」面對疾病，他抱著「我相信我會好」的信念，果然手術相當成功，現在病已痊癒，但這段人生插曲，也讓他近年更積極排滿行程，推動兩岸養老和醫療交流工作。

台灣將醫療和長期照顧相結合的成果，特別是耕莘的成功經驗，讓中國大陸十分讚賞，便找鄧世雄帶領的團隊協助建立醫養護一體化的照護模式，這讓鄧世雄決定把「以人為本，四全照顧」經驗帶到大陸。「我真的很希望這顆愛的種子能在中國大陸落地生根，開花結果。」

此外，鄧世雄百忙中還撥出時間去醫學院授課，希望能為年輕醫生建立正確價值觀。面對金錢至上的社會潮流，他再度強調只想賺大錢絕對無法當好醫生，「醫生就是要犧牲自己的生活和時間，還要對生命對社會有使命感，並了解團隊合作的重要性！」

講話習慣把腰桿挺直，將手放在背後的鄧世雄提到家人，吐了吐舌頭，語調再次輕柔起來。他生的三個小孩雖然不是醫生，卻都是天主教徒。「我不是太盡責的爸爸，既沒送小孩去補習，也沒太多時間陪他們旅行，但卻把宗教帶給了他們，中學也都是在天主教學校完成。」因此孩子都找到自己的興趣和志向，「可能因為爸爸不注重考試，反而注重品格教育的關係吧！」

已當爺爺的他最後開心地說：「我很滿足，也很珍惜天主讓我擁有的一切！目前我已卸下耕莘醫院院長一職，將會調整腳步，繼續走我快樂築夢的路。」說到這裡，他再次笑了起來，這個笑充盈對家人與病患的關懷，更裝滿他一生走過的堅定足跡。

最重要的小事 ╳ 鄧世雄

路愈難走愈是要勇於挑戰，那代表大多數人不敢碰觸，卻是社會實際的需要。多點耐心，一定能走得通、找到方向的！

以榻榻米鋪展美好時光

泉興榻榻米

李宗勳

日治時期，台南因物產豐饒，糖、米等作物出口貿易興盛，以台南州廳成為日本人重視的行政區。現今遊走台南，還能從許多保存完整的老建築與常民用品，感受當地深受日本影響的痕跡；「榻榻米」就是其中鮮明的文化遺產。

「榻榻米」是日文直譯的稱號，其實原本是單位計量用詞，而非指一方方編製出的草墊，但趣味發音竟也慢慢成為這項日用品的名字。目前台南還留有幾間老師傅帶著家族子孫一同經營的榻榻米老店，位於新美街上的老字號——「泉興榻榻米」，更因地處台南最富歷史意義的路段，為多所住家鋪展出濃濃和式風情，成為台南老一輩人最津津樂道的榻榻米店。

台南西門路以西，在填陸造地前，曾是港口貿易興盛的海洋，當時的新美街，是上陸後第一條縱貫南北方向的熱鬧街道。新美街依地景發展特色，以北是「米街」，以南稱「帆寮」。曾跟隨日本榻榻米師傅學藝的李金水阿公，一九四七年在帆寮創立「泉興榻榻米」，堅守台灣牛精神，秉持純手工精心製作。六十多年過去，阿公老了，店面開始交棒給年輕的孫子李宗勳，繼續傳承手製榻榻米的美好傳統。

與爺爺針鋒相對後，磨去性格稜角

李宗勳今年二十六歲，從小即因父親遠赴中國大陸從商，在對岸讀書長大。回台灣當兵退伍後，才在其他家人有意無意的影響之下，決定跟著爺爺一起學習這項傳統技藝。「我跟爺爺的關係比較特殊，雖然我們是祖孫，但他卻是我的嚴師。」李宗勳坦言，由於父親從商，又自小把他帶在身邊，一開始爺爺視這個孫子為紈褲子弟，「但我在異地受教過程其實有很多挫折與委屈。後來當兵退伍，從二〇〇七年就開始跟著爺爺做到現在。老實說，我跟這行分分合合三次，中間一直沒有下定決心繼承事業。」祖孫之間光年紀就相差超過一甲子，加上沒有從小與爺爺一同生活，他坦言有段時間彼此處得不是很好。「我們之間都會有家人來調和。不然當年一個八十一歲和二十初頭的小夥子，怎麼可能產生共鳴？」李宗勳直言不諱彼此曾有過吵吵鬧鬧的時光，但最後終於被爺爺感化，了解許多人情義理，一身尖銳才漸漸被磨平，而有了現

「泉興榻榻米」創辦人、李宗勳的阿公李金水早年留影。（李宗勳提供）

到定位，並在去年偶然認識「熱情海產粥」學生團隊，他們共同激發更多創意，進而開拓出榻榻米的多元面貌。

攜手「熱情海產粥」，讓榻榻米與眾不同

記得四月初有次深夜經過新美街，時間已近午夜零時，但街頭的「大碗公工作室」卻還亮著燈火。稍微駐足往裡窺看，只見幾位年輕身影穿梭其中，似乎正在製作些什麼，而一方方榻榻米形式的小杯墊或明信片，就層層疊在木架、櫃子上，新穎、討喜的產品著實讓人眼前一亮。後來上網一查才發現，原來泉興榻榻米也趕上募資風潮，這些產品就是由一群熱血學生組成的「熱情海產粥」團隊，聯合李宗勳所設計出的榻榻米新作。

訪談那晚，宗勳把我帶到大碗公工作室，和下課後就來這裡協助製作榻榻米明信片的學生打招呼。目前就讀成大歷史系大四的黃煒翔，說明「熱情海產粥」之名的由來：「我們團隊是由成大、交大和清大三所學校不同科系的人組成，就像各式各樣的海鮮，分開吃很好吃，合在一起就更棒，我們的組合就像一碗用料豐富的海產粥！」去年台南市文化局舉辦了「百年老店、創意愛現」文化創意提案募資活動，希望能為台南百年老店媒合有創意的團隊，創造出新價值，李宗勳和海產粥團隊因此有了接觸，發現雙方有很多想法能產生共鳴，便開啟合作關係。在這個結合Tatami（榻榻米）發音與Legacy（傳承）字義的「Tagacy計畫」之中，除了用全

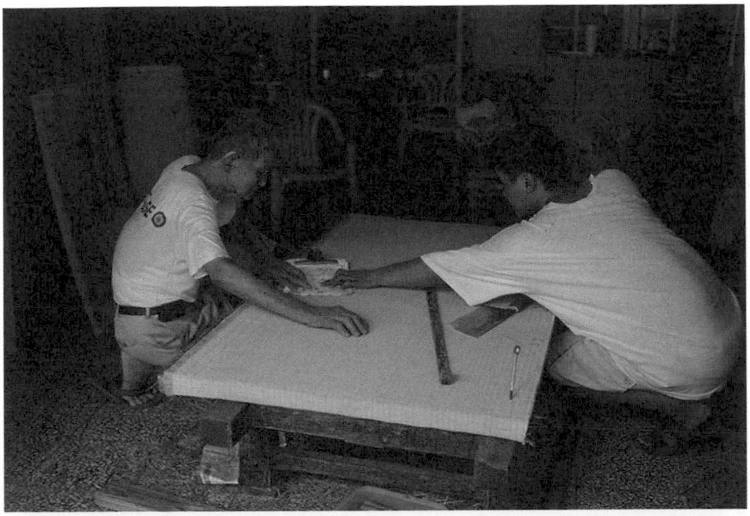

上圖：李宗勳師事阿公各種榻榻米製作技巧，祖孫倆彼此合作。（李宗勳提供）

下圖：現實市場的磨練，讓李宗勳更能彎下腰來堅持製作與服務品質。（李宗勳提供）

新設計吸引民眾對榻榻米的關注，並在其餘材料與做工上，尋求在地甚或新美街頭不同店家的分工合作，讓此次計畫能為百年老街注入年輕的活水。

「新商品的內容是我們和李宗勳老闆一起討論出來的。我們成員裡面有兩位成大工業設計研究所學長，他們在參與設計上貢獻不少。其實這個計畫負擔很重，因為我們團隊要設計的東西很多，但只有一個真正專門負責設計的同學在執行。」看著具備巧思、質感精美的榻榻米杯墊，或是以皮革為蓋、榻榻米為身的相機包，煒翔解釋：「我們確實獲得許多贊助者幫忙，但也大大超出預期；目前這些商品出現，都只是為了募資計畫的回饋，暫時沒有當作常售商品的考量，也不敢再接單。」

儘管如此，看著學生們從對榻榻米完全不了解，卻藉由熱情而開始學會榻榻米專有的「三角型縫法」，並在協助製作新品的過程中展現年輕人獨有的幹勁，李宗勳笑說：「我和熱情海產粥有年輕思維的碰撞，這中間發生很多有趣的事情，跟當初我和我爺爺一樣，有很多次分分合合。」但雙方碰撞出的火花，確實讓人感覺到原本漸趨式微的榻榻米文化，還魂成新世代也能夠親近、感受的生活物件。

李宗勳與「熱情海產粥」團隊討論榻榻米設計事宜。

李宗勳驕傲地看著海產粥成員，提醒身為職人該有的初心：「工匠有兩個最重要的精神，第一是要懂得感恩，第二是要頂真（閩南語：指做事細心、豪不馬虎之意）、龜毛。」這是阿公那一輩傳承給他比技藝更珍貴的寶物。他在與海產粥合作過程中展現出這些精神，似乎也能感覺他逐漸有了阿公的影子。

儘管未來很長，這個計畫會有什麼樣的影響尚未可知；但從宗勳誠實面對失敗並記得維持熱情、隨時再出發的故事裡，似乎能聞到榻榻米的藺草香，幽幽地從阿公那一代流傳至今，並隨著海產粥團隊的創意撞擊，再持續飄向更遠的將來。（文／莊子沅）

最重要的小事 × 李宗勳

要把「商品」當「作品」，除去利益導向的前提，專注於創意與工藝本身，驚喜就會跟著跑出來，豐富生活每一刻！

走逛趣

泉興榻榻米

地址：台南市中西區新美街四十六號
電話：（06）222-5227
營業時間：週一至週日8:00～20:00

裊裊清香飄進凡常人生

吳萬春香行

吳烟村

台南是全台灣廟宇最多的城市，香火鼎盛的景象特別常見。若說香枝給人的第一印象，多半與宗教信仰連結，但只要往台南大天后宮旁、永福路二段二二七巷裡的「台灣府城吳萬春香行」走一趟，置身採光通透的明亮空間，便可見香製品紛呈羅列，宛如一幢微型博物館，尤其新形態的「香氛品」更與生活緊密熨合，讓縷縷香氣脫離廟宇文化，吹入平凡人家門。

現任第三代傳人的吳烟村先生，也在面積僅容旋馬的新店面三樓，闢出一方幽靜茶室，邊沏茶邊望向落地窗外清晰的古蹟，用親切台語和台南典型仕紳優雅口吻，娓娓道出自家傳香百年的故事。

讓時光回溯到西元一八九五年。吳烟村的祖父高標梅先生，落腳台南開設「玉梅香行」，以製香為業。在彼時沒什麼人工香料添加，更無機器可替代手工製香的歲月，製香師傅們個個凌晨就開始工作，把天然漢香磨成粉，再層層沾水滾粉上竹枝，趁日頭方出的清晨，將一把把香放進竹架上曝曬，直到夕陽西下、香枝乾透，才能進一步包裝販售。當手工製香的家業傳承至第二代，因昔時民間常見的「過繼換姓」習俗，高家始易姓為「吳」，吳烟村之父吳森緣先生接手經營，店址也正式在一九〇二年遷至鄰近赤崁樓的永福路二段，並更名為「吳萬春香舖」。吳森緣從事製香，一晃眼就經歷了八十八個年頭；直到二〇〇四年過世，才輾轉由第三代吳烟村接手。

純手工製香，每一炷都有各自的起承轉合

雖然從小就在香氣瀰漫的環境下長大，也曾參與製香過程、懂得分辨其中成分好壞，但吳烟村精采人生的起點，卻是從政治與學術領域開始。

「我是從政治大學政治系畢業的，三十六歲就在當時省政府李登輝主席身旁擔任辦公室主任。」吳烟村回想一九九〇年「野百合學運」展開，風氣仍保守的政大也有許多學生加入運動行列，當年他深受曾為恩師的校長之託，重返母校擔任課外活動組主任，並前往中正紀念堂現場，陪學生一起靜坐聲援。那時吳烟村開明卻中立的態度博得同仁與學生敬佩，而有「學運的

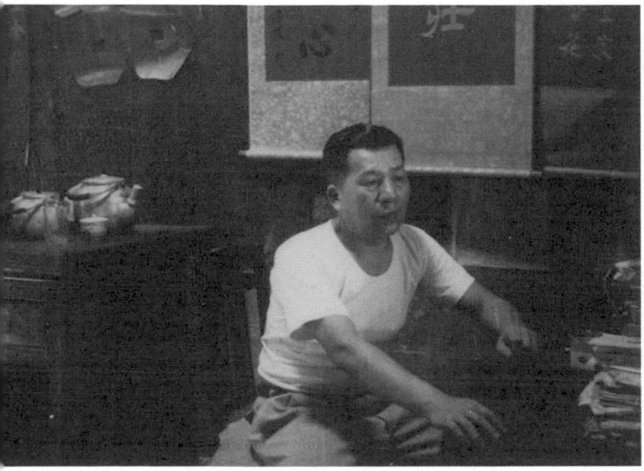

右圖：從前製香老師傅於店門口分裝香枝。（吳烟村提供）

左圖：第二代老闆吳森緣年輕時坐鎮於店內櫃檯。（吳烟村提供）

士官長」之譽，更顯現他處世寬厚圓融的特質。後來他幾度於不同學校任教，在父親過世後，觀察到全台僅存的其他製香工廠，極少就文化面做出一些努力和回饋，「我不想讓這樣的文化成為全機器替代、沒有溫度的商品，更不忍心它化作歷史課本才能看到的名詞。」加上吳烟村已近退休之齡，因此決定回歸故鄉台南、接手家業，延續手工製香的單純美好。

機器取代手工，維持穩定品質、大量生產商品，是許多傳統工藝在科技文明演變下，不可避免的挑戰。然而用心堅持的人，總能創造出機器無法迄及的優勢。吳烟村強調，手工製香的特色在於師傅層層以手持香滾粉：「同炷香會有許多粗細不平均的段落，每炷香也因此擁有自己的個性，我們不會找到形體一模一樣的香。」也正是因為一炷香粗細變化有致，燃香產生的煙，便會隨粗細段落飄散出不同密度、濃度的香味，如他所說：「每支香都像是有自己的生命，每一支都有不同的起承轉合。」

當走進遠古傳說裡頭，不難察覺「以藥入香」的蹤跡。相傳嫘祖生病的父親不敢吃藥，嫘祖便將漢藥磨粉再製成香，讓父親聞藥香病癒。而要以香治病，材料必須全取自天然，香灰也因此可以食用。後來隨文明發展，香品逐漸延伸出祭祀神明、與神祇溝通的文化面向。華人社會裡，香枝和信仰成為緊密連結，然而信仰和眾多儀式脫不了干係，儀式更成為百姓生活經驗的反射：比如聚餐場合常見的儀式，便是親友互相舉杯恭賀祝福，傳達了彼此尊敬、友好的意味。或者透過儀式，人可以和各種想揮別的過去斷絕，比如用成年禮向童稚告別、以享用大餐為一椿美事畫下完好句點。

上圖：早年店鋪照；彼時正值吳森緣當選里長，店門口擺滿恭賀花圈。（吳烟村提供）

下圖：民國七十一年，吳烟村（後排圖中）一家與父親吳森緣（後排左一）合影。（吳烟村提供）

如果也將吳烟村繼承家業視為一種儀式，透過這樣的洗禮，他確實將已過耳順之年的生命，淬鍊出全新的色彩。

前陣子台北行天宮以環保之名義發起禁香，在鑽研香文化多年的吳烟村看來甚感遺憾：「減少燃香的美意雖然值得推崇，但這已經是生活文化的象徵之一了，禁香反而矯枉過正。」對他而言，有這樣的念頭並非出於自身利益，更重要的意義應是某種文化儀式的流失。

開發天然新品，「吃香」沒問題！

傳承家業的製香文化並非易事。原位於永福路二段，開業已過百年的「吳萬春香舖」本店，在父親過世之後，便由吳烟村繼母率領老師傅接手經營，希望本著製香傳統，販售百年來不曾改變的心意。「但我希望能開發、經營出更多樣貌的商品，所以二〇〇八那年就在台北板橋地區新立門戶，店名就沿用『吳萬春』。」自此之後，「吳萬春」的招牌開始在北部地區打響名號。其實在近年「文創」一詞盛行之前，吳烟村便以相近概念，透過商品包裝賦予新意。例如結合妻子黃舜華的墨書讓產品看起來更精緻，並使用中英文對照讓外國人也能深入了解；甚至藉由多次國內外參展經驗，虛心觀摩學習，逐漸引起國際矚目。

取經於東南亞眾多國家用香文化，加上自己和友人激發出多元創意，吳烟村接手香行事業以來，不斷琢磨各種行銷方法，一方面為傳統「立香」、「盤香」設計以紙為材、簡單俐落的

「吳萬春香舖」專利商品；「福」為檀套香，「奉」為沉套香。（吳烟村提供）

包裝，一方面也開發出首次嘗試的「臥香」！

「臥香是沒有香腳的純香條，質地較『立香』更純粹易斷，主要是插入或斜放進各種留有小洞的香器裡，讓煙絲瀰漫空間之中，除了能淨化環境、為空間帶來溫度與香味，也讓人心靈得到沉澱。」近年來許多居家用品品牌也都紛紛推出臥香，甚而以繽紛色彩染製，雖然外型美觀，濃郁香氣卻是添加人工香料；「但只要聞過一次我們的臥香，就能感受到天然草木樸實、耐聞的氣味。」吳烟村誠摯地說。

製香方法上，雖仍堅守父親傳承下來的天然原料與全手工製程，但吳烟村更進一步研究漢代加入「草藥」的手法，讓製香文化回返千年傳統的自然單純。「我花了很多時間調整材料配方，從宜蘭找來經驗豐富的老師傅，開發研製出十多種香製品和相關使用器具。」另外從吳烟村註冊「漢香」一詞的專利，並透過SGS國際驗證取得，便能看出他對種種製香細節的用心。「也許很少人會想嘗試吃香」，他卻信誓旦旦地說：「不過我們的香可以吃喔！」言談中，不難感受到吳烟村對自家香品的堅持與信心。面對檀香、水沉香等主要原料均需進口，他的心願便是致力於台灣肖楠木等在地原料種植，慢慢讓吳萬春的香，成為全然「台灣製造」的產品。

轉化香功能，貼近生活質地

現位於台南原址隔壁巷弄的另一間吳萬春香行，則是二〇一二年吳烟村將父親偶然購下、原作倉庫使用的小房子翻修而成。經過知名建築師蔡宜璋設計，各種製香原料如檀木、丁香、甘松等，都一一被嵌入透明壓克力地板中，讓偶然路過的人忍不住入內一探究竟；「三樓茶室除了可以拿來接待客人、悠閒地聊天之外，還有向外延伸的露天小陽台；站在這裡，就能同時看到台南知名的三大古蹟：大天后宮、赤崁樓和武廟！」吳烟村得意地表示，去年這裡還以「府城歷史之窗」為名，成為台南市明訂的觀光景點之一。若有緣經此，一定要走上三樓駐足觀賞，定能從遼闊的視野和徐徐微風，讓心靈滿溢澄澈能量。眼看吳烟村以「香」點燃文化的光焰，那縷縷馨香隨著歷史與傳統氤氳擴散，逐漸沉澱為在地人心上一抹難忘的味道；他堅定的眼神，彷彿暗示為傳統工藝做的這些努力，一切都很值得。

除了漢香本身，店裡架上還陳列有墨色竹片的造型香具、製成花台型的灰釉燒陶香具……這些都是他逐一開發、與台灣廠商合作的周邊產品，目的只為讓自家的香擁有適合的傳香媒介。「吳萬春香行」在吳烟村巧心打點之下，香文化漸漸從宗教的附屬演變為居家生活的點綴；香功能的轉化，也開始吸引許多年輕人接近，並學著賞玩其中趣味。

燃一炷香，手將其輕巧執成水平方向，以悠然速度在面前來回輕繞，再閉上雙眼聞嗅裊裊煙絲，吳烟村示範起「品香」儀式時，神情儒雅專注，似是笑看大多數世人，點香用香大半輩子，卻往往還不懂怎麼欣賞、品味它。

今年已六十七歲的吳烟村，青春氣息不僅來自時髦的金髮造型，也來自他對許多事物仍抱持熱情的態度。雖然定居台北，每週卻還是不辭勞苦地通勤回台南，或接待貴賓或與親友敘舊，順便到店裡走走看看，多年來始終維持這個習慣。面對故鄉台南，他更研究撰寫《王府祕境——走訪台灣歷史的濫觴》一書做為紀錄，並放在店內販售。而在家業面前，他始終維持一貫謙卑，「都是許多貴人的幫忙，我們才可以發展起來。」實際上，吳烟村總是做的比說的多，也體現他這一代人的豐厚收穫，都是一輩子親身耕耘的成果。

一炷香的時間與生命有限，傳香者卻因不忘本且持續燃香，讓價值綿亙至永恆；這份堅持，想必能帶著「吳萬春香行」的優雅風骨，隨著絲絲輕煙飄過下一個百年。（文／莊子沅）

最重要的小事 × 吳烟村

生命中任何儀式都蘊藏智慧與道理，不可輕易拋下，經其澆灌洗禮之後，人生才能得到庇佑與成長。

走逛趣

台灣府城吳萬春香行

地址：台南市中西區永福路二段二二七巷六號
電話：（06）223-8466
營業時間：週三至週日10:00~18:00

府城米香傳三代

富盛號碗粿

吳炫輝

小吃是台南頗具盛名的美食文化，而國華街則是舊城區裡，眾家小吃最有名的聚集地。但倘若問起哪些小吃最有名？「富盛號碗粿」絕對是在地人與觀光客一致推薦的選項。關於這家老店的食記，已經有許多人著墨，目前由爺爺吳水木傳承到第三代吳炫輝的富盛號，近七十年歷史，其實有許多故事比滋味更值得被記載下來！

民族路與國華街交叉口，緊臨永樂市場和水仙宮市場，在尚未成為觀光客聚集地之前，昔時便因許多在地小吃店和各類魚肉菜販群聚，成為台南人的生活重心。走進富盛號座位不到十人的窄小店面，會發現店內通往一條長巷，周邊店家在長巷旁搭起易於料理的空間，富盛號的廚房也隱於其中，不分冬冷夏熱，員工每天清晨五點半就開始燒熱灶火、準備材料，在熱氣蒸騰的巷弄間，端出一碗又一碗傳香數十年、口味卻從來沒變過的招牌碗粿。

一根竹籤，串起三代好滋味

富盛號第三代傳人吳炫輝，朋友們習慣叫他「阿輝」。第一次碰面時，他便拿出一支質感樸實、印有店名標記的竹削扁籤送我。阿輝說以前的人都是用這種竹籤吃碗粿，竹籤即是碗粿文化的象徵。但現代人對使用竹籤感到新奇，所以很多人吃完就將它偷偷帶走，因此店內也漸漸改以一般叉子讓人使用。兩年前，吳炫輝接手家業後思索竹籤的意義，便開始尋找廠商復刻製造，做為特別送給客人的禮物。

復刻一根竹籤，吳炫輝展現出為老字號添新貌的企圖，以及延續七十年前，阿公對碗粿的心意與堅持。

阿輝看起來有著讀書人氣息，但穿梭廚房間和同仁一起做碗粿，俐落身手一點都不輸資深師傅，他總笑說：「從小我就是在這裡的廚房長大的。」童年時在阿公、阿嬤身邊跟前跟後，

上圖：二〇〇七年，吳炫輝（左二）與奶奶（左一）、媽媽（右二）和當時台南市長許添財（圖中）合影。（吳炫輝提供）

下圖：在忙碌灶腳，阿輝手腳俐落，與師傅們合作無間。

阿嬤燒一手好菜的功夫，更讓阿輝萌生對料理的興趣；但一直到他當兵退伍以後，家人才放心讓他踏進廚房，在熱燙燙的工作環境裡忙進忙出。

做碗粿的過程並不輕鬆，要學習的繁瑣細節不少，決定繼承富盛號，阿輝坦言一開始確實有點困難：「因為要很早起床啊！可是我知道這個工作一定要做。」他表示複製過去的方法來經營碗粿生意也不是不好；但由自己接手，還是希望能走出新的格局。「味道當然還是保持原來的口味，還是用竹籤吃東西，可是整體視覺、氛圍，就是要讓大家覺得耳目一新。所以我求改變、求突破，花了很長時間去調整自己的心態。」

說到富盛號這由阿公傳給父親、父親再傳給自己的三代事業，他描述來店裡的客人很多也歷經三代：「有客人從我阿公阿嬤那年代就吃到現在，他們也是爺爺帶父親、父親帶兒子，現在會三代同堂一起來吃。」阿輝說這樣的「滋味傳承」非常珍貴，「我想讓客人永遠留下懷念的味道。」以竹籤為信物，他用創新精神綿延一甲子不變的懷舊風味。

把小吃店當大企業經營

店裡只賣碗粿和浮水魚羹兩種食物，簡單組合背後是繁複的用心。「拿『挑米』來說，米從不同產區來，放置時間會影響水分存留程度，接下來洗米、泡米的時間也都不一樣，煮的時候還要控制火候，這些都需要經驗累積。」阿輝提及現在的米和早年口感沒有太大不同，「我

工作中的阿輝，神情謹慎專注。

們的米來自屏東，是台灣米和泰國米一起改良的品種，裡面的水分、黏度剛好，做碗粿才會好吃。」他笑稱自己一看米的顏色就能知道含水量多寡，如此苦心鑽研，更別說一般人無法看到的灶腳工作，不分四季都要在汗澈淋漓的狀態下，和員工配合彼此節奏、全神貫注地進行各種勞動，只為成全端上桌的一碗家傳美味。

阿輝今年三十六歲，正式接手家業是這兩年的事情。雖然擁有童年跟著大人一起忙碌的記憶，以及退伍後短暫的幫忙經驗，但要正式從父母手中接下重擔，製作碗粿的每個程序他都必須重新訓練，就連洗碗、打掃的基本功也不能馬虎。難道年紀尚輕的阿輝，不會感到煩膩，而有想逃跑的時候嗎？「東西是死的，可是腦筋是活的，所以要懂得變通，才能找到樂趣！」

抱持這樣的信念，讀書時期就和許多饒富創意、懂設計的朋友混在一起，阿輝認為「傳承」這回事，不能只將前人的基業整碗捧過來，死守同一種經營模式。

「所以我不斷觀察整個社會風氣的轉變，再加上自己的創意，希望有天能把傳統小吃經營出企業格局。」因此對待員工，阿輝透過教育訓練讓每個人意識到這份工作的特別之處，進而培養出使命感。「在我阿爸那代，生意還沒像現在這麼好，他們也沒有員工專業訓練的觀念，但我現在就覺得這勢在必行。」阿輝坦言此一轉折也是非常艱辛，沒想到經過一段磨合期，員工不分年紀、資歷，竟然默默有了向心力；過年期間宅配訂單多的時候，大家甚至會主動提出加班，完成更高的目標數量，共同創造成就感。

融合古樸精神與清爽現代感的品牌主視覺，在阿輝和設計師友人討論之下被孕育出來，成

上圖：將空間「精緻化」，牆上黑白照說盡了老店歷史。（吳炫輝提供）

下圖：一碗碗滑嫩、香氣四溢的碗粿，是台南人最愛的在地老滋味。

功從老滋味中提煉煥然一新的氣象。再更進一步，新的樣貌也連帶限定商品推出，阿輝找來同為台南老字號的「合成帆布行」，共同合作可裝碗粿的便當袋，一出售就引起好評連連，替自家老品牌漆上斑斕的色彩。

當用餐環境也由原本毫無裝潢、桌椅隨興擺排的一般小吃店，搖身蛻變成帆布與木材構築而成的精緻空間，阿輝發現很多老客人原本不太習慣，後來卻一個個對他豎起大拇指，「他們愈來愈喜歡這些新改變了！」而這樣的大幅變身也轟動當地小吃市場，媒體爭相報導之下，成為遊客必定前往品嚐的口袋名單。慢慢地，富盛號碗粿不僅是在地長者的難忘滋味，更是許多外地年輕人開始想了解、想親嚐的台南傳統小吃。

無懼外在紛擾，將犯錯當成警惕

傳聞或許可以讓故事變得更精采，散播開來卻往往造成對當事人的傷害。以前曾看過網友在食記中寫下富盛號嬸姪分家，甚至在同一條街打對台的消息，阿輝也在訴說接棒經驗的過程裡，無意間聊起這則坊間八卦。提到將小吃店開在富盛號對面的嬸嬸另起店名，阿輝嘆了口氣：「對於爺爺留下的這塊招牌，可能大家都想經營吧！」關於傳承，他想得很簡單，身為長子的父親接過爺爺衣缽，而身為長孫的他則繼續一脈相承；從未對外提及此事，看到媒體與陌生網友開始炒作此話題時，雖感覺有點氣憤，卻也不想多加解釋。「我覺得每個人做好各自想做的事情，這樣就好。」阿輝沒停下手邊工作，認真地說。

同樣是傳聞，有趣的倒也沒少過。媒體曾經大肆報導，富盛號碗粿備受國家元首推崇，成為前總統陳水扁先生國宴上的菜色。阿輝則說，這是阿公和父親還一起賣碗粿時發生的事，「實際上當時的訂貨人根本沒提到會在國宴上供總統食用呀！」新聞曝光後，阿輝的父親和爺爺才方知自家店原是總統熱愛的故鄉美食，而一國之首也免費幫品牌做了強而有力的代言人。

儘管為了維持爺爺流傳下來的配方與口味，阿輝做了許多努力，但偶爾味道與從前出現些微差異時，精明的客人一吃便知，會隨即轉過身來對他叨念；於此同時，食物因手工製作而富有的生命力，也被彰顯出來。阿輝笑道，奶奶總說「五根手指頭都不一樣長，做事情難免會出點差錯！」這句台語俗諺也成為對阿輝的勉勵，「我們不可能每次都做到百分之百正確，偶爾不小心出錯，讓客人念你一下，也是讓人可以重新上緊發條的方式。我的標準就是如此，每天不同師傅製作過程難免會有一些細微差異，我容許那些差異的存在。」率直而純樸的人性，更真誠地反映在團隊製作精神，以及老客人多年來始終支持的行動上。

富盛號碗粿到底好不好吃？每個人的口味都不一樣，回應也是不盡相同，但此時整理和阿輝對話的種種，好像還能聞到撲鼻而來的碗粿香味，嘴不免又饞了起來，不禁想效仿座位間常看到的長者，安靜卻豪氣地喀一份碗粿加浮水魚羹組合。同時，也不免想起阿輝住家一樓，從爺爺那代就迎來祭拜的眾神明像，歷經父親到阿輝三代的虔敬信仰，神明面容均已薰出飽滿香褐色，傳承精神在偌大神龕前表露無遺。

走過三代，或許富盛號的味道一如高掛店面的帆布文案所述：水木爺爺手藝高／代代相傳口味好，碗粿氣韻，還要持續飄香！（文／莊子沅）

最重要的小事 × 吳炫輝

傳承如果只是「死守」，老字號也會慢慢凋零，若能動腦從中「活用」，便能擁有一片新天地。

走逛趣

富盛號碗粿

地址：台南市中西區西門路二段三三三巷八號
電話：（06）227-4101
營業時間：週二至週日7:00～17:00

重拾手作竹器美學

萬先蒸籠店

黃重慶

許多傳統手工製品，在機器快速量產的現今似乎逐漸被世人所遺忘，人們可曾想過：上一次使用天然材質、手工製造的用品，是多久以前的事了呢？

走進「萬先蒸籠店」所處的高雄五福四路尾端，早前這裡被稱為「竹器一條街」，仔細一瞧，果然許多店家陳列出竹製桌椅、蒸籠等各式日用品。不禁讓人欣喜，縱然隨時代文明進步，手工製品面臨淘汰危機，所幸還有這些精細作工、強調環保材質的天然物件，為已被塑膠、機械填充的速食生活，重新召回單純手作的溫潤美好。

有別於其他竹製老店門前擺滿各式商品的情景，從萬先蒸籠店素樸的店門口，則是可以看見師傅正在騎樓屈身、低頭認真製作蒸籠的身影；他是此店第三代傳人，年方三十二歲的黃重慶。

傳統竹製對上金屬蒸籠，現代化的市場挑戰

這個上午，只見黃重慶坐在矮凳上製造一個大蒸籠，竟讓人直覺式地聯想到包子、饅頭在裡面熱氣蒸騰的誘人畫面。重慶用讓人倍感親切的閩南語表示：「古早時候每戶人家的蒸籠一定都是竹製，而不是現在市面上常看到的白鐵。我們傳統蒸籠雖然容易吸收食物味道，讓蟑螂、老鼠聞香而來，但是要做包子、饅頭，用竹籠來蒸肯定百分之百好吃！」黃重慶笑說，因為竹籠含水，包子可以在裡頭持續發酵，膨脹得夠大、夠漂亮。「白鐵蒸籠耐用歸耐用，但不能含水，所以水蒸氣會變成水滴，再滴落到包子上，就容易爛爛的不好吃，保溫效果和竹蒸籠相比，更是略遜一籌。」

「含水」一詞是非常精鍊高深的台語，意涵倒不是竹製蒸籠本身材質帶水分，而是水蒸氣上來之後，蒸籠可以將之吸收並含住。但既然白鐵製造的蒸籠不含水，無法做出美味點心，為什麼會取代竹蒸籠呢？「金屬材質的蒸籠成本較低，現代人覺得價格便宜就好，不容易壞也不會發霉，比較好保養。」黃重慶坦言，直到近年食安問題被廣泛討論，大家害怕鋁、白鐵這類

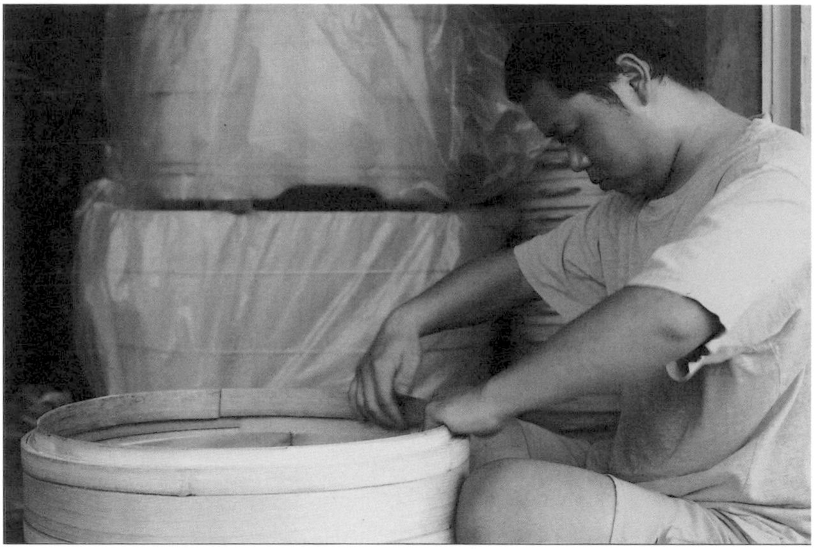

多年堅持手做竹器，黃重慶身後堆滿他親手做的竹蒸籠，對他而言，這是比現代金屬蒸籠好用的保溫器物。（黃重慶提供）

金屬材質有毒，竹製蒸籠才又流行回來。

因潮濕所導致的發霉問題是有辦法解決的。「通常洗好把它放在通風的地方晾曬，就不易發霉。」但他也承認如果包子、饅頭有所沾黏，竹製品也不像白鐵等金屬材質耐磨，「很容易因過度刷洗就讓竹子纖維抽絲。」憨厚個性總是把話說得過於直白，連缺點他都鉅細靡遺交代清楚，就是怕一般人還不夠認識蒸籠就急著下購買決定，卻買到不實在、不耐用的東西。

環顧整條街一排老舊日式矮房建築，和五福三路以前熱鬧地段明顯區分成兩個世界，氛圍彷彿還停留在八〇年代的高雄。「我阿公年輕時就做這行，後來將事業傳給我爸，但因為我爸和他溝通不來，就帶著這些技藝跑去南投自己發展，我是到了後來才慢慢跟著阿公經營。」老家在金門的黃重慶，讀書畢業後才過來本島。「阿公很早就離開金門，輾轉到高雄來賣竹製品，當時最一開始是先把東西做好，拿到路邊喊賣，後來賣著賣著便開了店面。大家有樣學樣，就學我們開店販賣竹製品，才形成這一帶的樣貌。」

萬先蒸籠店見證高雄歷史的種種變化。鹽埕區數十年來，也陸陸續續開立過許多飯店、旅館，製作料理時常要使用蒸籠，甚至為了讓客人有不同洗澡體驗，還設有檜木澡盆與泡腳桶，竹器一條街的店家也就與之互為依存。但隨著現代人使用習慣改變，以及對這些器具不了解，重慶也坦承部分店家開始會進口一些大陸製的竹器品或檜木桶來販售，或將大陸貨和台灣老師傅做的混在一起賣。「客人如果不內行，只看外表會覺得都一樣，但我們賣的就比較貴。」甚至有客人直接問黃重慶賣的和大陸貨的差別在哪，他嘆了口氣說自己也很難解釋：「因為有的人根本就不願相信。」惡意的市場競爭，也對沒落的手工竹器業形成傷害。

醞釀注入設計元素，開發「祕密製作」打進生活

萬先蒸籠店目前店面有兩家，就隔著五福四路遙遙相望。阿公固守的舊店靠近已閒置的鐵軌，近中午時分走過這裡，阿公好像已經很習慣接受陌生人拍照與攀談，儘管講話的速度較為緩慢，但年近八旬的他仍舊未減熱情，介紹完自家工藝特色後，竟和阿嬤盛情邀約我們一起吃飯。重慶說，吃飯時間到了，阿公就會從對面拿便當過來給他吃。「我阿公到現在還在做，他認為不做事就只能坐著，坐著坐著就像在等死，因為怕不工作會馬上翹辮子，所以他現在身體還很好。」從黃重慶開玩笑的口吻中，可見長者對工作的熱忱和堅持。

話題繞到自己身上，他說雖然從小就在製作竹器的環境中長大，不過他也只有學到一點皮毛，不曾認真投入，因此來本是幫忙家業一段時間後，他也曾想趁年輕去外面的世界看一看，「後來我到台北闖天下，在電子產業做了五、六年。但之後遇到金融風暴，公司資金周轉不過來，我看許多員工為薪水苦惱，便不想再繼續下去。」所以黃重慶乾脆把工作辭掉，大約七年前，身為家中長孫的他重新回到傳統工藝領域，開始向阿公認真學習，毅然決然地投入家業。

談到政府單位甚少關注傳統工藝產業發展，黃重慶自己倒有些想法：「我其實很想找一位設計師，設計一些屬於我們店才有，和國外進口很不一樣的特色商品。因為我只會製作、不懂

設計，很希望能夠互相配合。」曾在商業雜誌看過揚名國外的台灣設計師，用竹編製作出可耐重一百公斤以上的椅子，他坦言「想過要打電話找他們合作，但又怕設計費很貴就一直遲遲沒有付諸行動。」重慶坦言阿公那一代想法比較保守，很難接受這樣的改變，「他會覺得我『黑白來』吧！但我覺得如果可以做一些改良、創新，甚至打出自己的商標，也有機會在市場上做出區隔。」

電話雖然一直還沒打出去，倒是可以在店內小角落發現家用電鍋適用的小蒸籠、壓豆腐模等市面上可能還未見，但非常討喜的竹製用品。那些都是黃重慶想挑戰阿公觀念、用來說服阿公的祕密之作，但卻已先一步說服在場所有人。

鍛鑄手作功夫，從「剖竹子」開始！

看著散落地上一整組或生鏽或形貌斑駁的各種製作工具，他驕傲地說：「阿公留下來的老道具不只看起來有歷史，也很耐用。它有經過歲月的磨練。不像新工具用起來就是冷冷冰冰，不好上手，這些工具都用了好幾十年了！」

然而要開始製作蒸籠，得先學會如何將整根孟宗竹用俐落刀法刨成薄片。「我們的器具都使用孟宗竹。附近其他店家都是用桂竹，桂竹較軟脆，輕輕一劈就開了，不需要技術，和堅韌的孟宗竹不一樣。」黃重慶專業地說，孟宗竹就只能靠技術來剖削，但韌性比桂竹好很多。

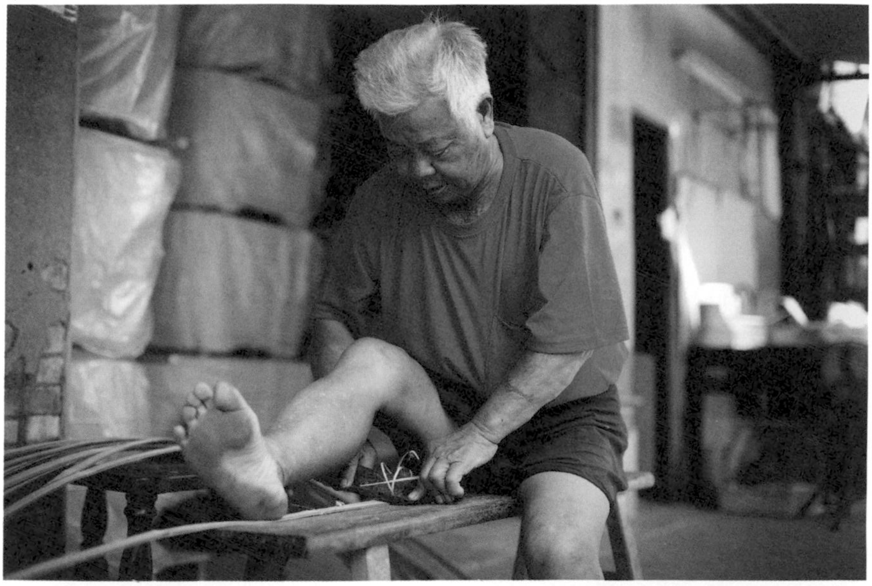

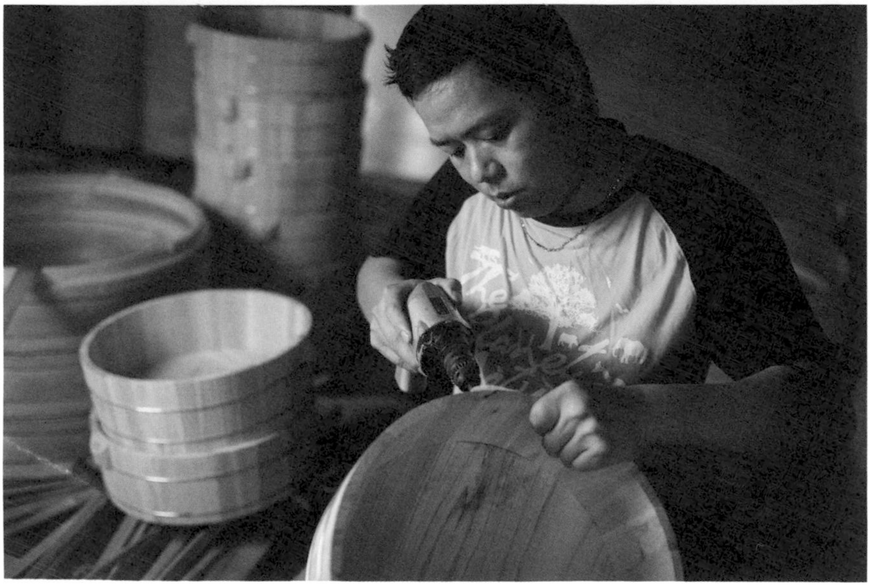

黃重慶與阿公感情深厚，也是一起打拚蒸籠事業的好伙伴。

「孟宗竹是從南投來的，做出來的東西壽命比較長，非常耐用。」隨著話題進行中，重慶也很快地將拗彎的竹片層層疊合成蒸籠的圓框。「蒸籠至少要疊七到八層，要把外圈的厚度做出來，這樣在疊用時才不容易壞。竹片之間沒有用任何膠，都是採工法自然固定。」看著他拿出有點唐突的竹筷子，好奇問竹筷子的用途，他說疊合的竹片之間有打洞，竹筷子釘進去之後才會耐用；「以前沒有竹筷子，就要用竹子削出一根根粗竹籤替代。」他說。

蒸籠的雛形逐漸完成，隨口問黃重慶這項技藝還有人想學嗎？「這個現在沒人要學啦！基本功就要花三到五年，要從我阿公那邊學剖竹子開始，材料一定要自己做，材料做出來了，才能夠實際製造蒸籠。」敘述一連串扎實練功過程，黃重慶笑說自己很像在學蓋房子，「你一定要經過磨練，要自己邊做邊抓訣竅，靠感覺去摸索。」大概是受了這些話影響，當我們細細望著滿店堆起圓的、方的大小不一各式蒸籠、檜木桶等器具，竟也能感受到一股時間累積出來、無形但確切的重量。

萬先蒸籠店全年無休，每天從早上八點就開始營業到晚上九點，不只是方便客人購買，也便於鄰居友人隨時前來串門子。訪談中途，幾位鄰居阿姨帶著可愛的小朋友來玩，在初春乍暖的天候下，重慶逗著衣服穿得有點厚的小孩，開玩笑地用閩南語問他：「今天那麼冷喔！穿這麼多？」時間都留給店面和工作，還有時間談戀愛、追逐其他人生嗎？他笑著說，幸好早就和青梅竹馬的女友結婚，還生了一對姊弟。「下午放學後，他們也很常來店裡跟前跟後地玩，摸摸這些蒸籠看要怎麼做，不過未來的發展就隨緣，不會勉強他們接手啦！」

阿公「剖竹子」刀法俐落，這是入門製作竹蒸籠的必學技藝。（黃重慶提供）

如果把父親獨自在南投經營的工廠也算進來，萬先就是三代同時製作、承襲竹製工藝的家傳事業。一甲子歲月悠悠，萬先蒸籠店透過蒸籠說的故事，除了是製作美味包子、饅頭的學問，更讓有心人得以回頭檢視我們所遺忘的常民生活美學，重新看見傳統製物工藝的真實價值。（文／莊子沅）

最重要的小事 × 黃重慶

萬事追求快速、貪圖便利就容易一成不變，從手作過程開發品牌獨特性、增添生活設計感，或許才能讓傳統擁有更多發揮空間！

走逛趣

萬先蒸籠店

地址：高雄市鹽埕區五福四路三三七之一號
電話：（07）521-6886
營業時間：週一至週日9:00～21:00

鼓鳴之前　先沉得住心

製鼓師傅

張吉祥

你為了自己喜歡的工作可以堅持多久？願意一輩子無怨無悔地持續付出嗎？從事製鼓長達四十年的張吉祥師傅，退伍以後就跟著姊夫從事此行，八年前輾轉來到十鼓文化村「清溪林製鼓廠」，他透過雙手將滿腔熱忱寄託於鼓面與鼓身之上；刨面、拼接、打洞、穿繩……各式細緻精微的做工和美學貫穿大半生，回應到最初提問，「無怨無悔」確實是張吉祥這輩子的最佳註解。

初踏入位於台南舊仁德糖廠的十鼓文化村，草木扶疏掩映老建築景色，令人感到自在輕鬆；這是都市人所謂的鄉下風情，卻更像適合修身養性的世外桃源。沿著舊時運送糖料的鐵軌走去，便能來到「清溪林製鼓廠」，並在大大小小等待繃皮定型的鼓身旁邊，看到張吉祥師傅坐在地上、正為一張皮面打洞穿繩的身影。他一邊工作一邊分享製鼓點滴，每個需要經驗、技術甚至長年美感陶冶的繁複步驟，卻在他輕巧的動作中化繁為簡，讓人印象深刻。

工序精細繁瑣，製鼓也要懂得「拉皮」！

問起踏入這行的機緣，不知是不是覺得故事太平凡，他不好意思地笑笑回應：「我的師父就是姊夫。小時候我們住他家隔壁，他們家是祖傳製鼓事業，工作過程我多少都有看到。直到我當兵回來，正在從事外銷的他就請我去幫忙，做著做著，到最後就離不開鼓啦！」話題隨著張吉祥的回憶往前倒帶數十年，當時台灣手工製鼓相當興盛，日本、泰國等亞洲國家，無論是宗教念經或純作演出用途，鼓的外銷均十分熱門。「我姊夫家雖是祖傳事業，但他還有另一個兄弟，最後分家了，因此南部本來只有一家製鼓，後來拆成兩家；隨著我姊夫年歲漸長，就換我接手經營。」

多數喜歡鼓的人都選擇學打鼓，以期站上舞台演出；一如十鼓文化村眾多鼓手，總在大小表演場合綻放瀟灑魅力。然而自嘲節奏感不好、常搶拍的張吉祥，則說他更著迷鼓本身的多變

製鼓多年，張吉祥對技藝的堅持與用心一如早前，不曾改變。（張吉祥提供）

性。「鼓可以客製化，每一個人的要求，包含聲音、體積、大小都不一樣，所以它種類很多，每個都具有獨特的用途。」既然沒有打鼓天分，不如就鑽研製鼓；這一做，數十年就過去了。

繼承姊夫製鼓事業的張吉祥，看著牆面展示各種工具物件，不免憶起昔日學藝過程。「總是得先從鼓桶的製作開始。」張吉祥娓娓訴說楠木、紫心木、酸枝木……各種不同質感的木材，都要透過工具刨成曲面木片，才能進一步拼接成有弧度的鼓身。除此之外，將牛皮裁切出鼓面大小後，還得將剩餘碎邊熬煮成「牛皮膠」，用來黏合鼓身。等鼓桶風乾，鼓面牛皮則需要「刨面」，以求厚度平均，讓敲擊出來的音頻穩定正常。「還有，帶著濕氣易於塑形的牛皮，也要打洞穿繩，才能繃緊在鼓桶上，讓它風乾定型。」張吉祥強調，一般製鼓均有兩面，俗稱「陰陽面」，兩面都要透過一連串工序，過程中反覆測試音頻是否已無落差，才能開始上鉚釘、收尾，製作出完整的鼓。

和張師傅碰面的上午，他正要製作新的鼓面。隨著話題進行，他彷彿醫美整形師一樣，將一大片鼓面撐起，以進行鼓的「拉皮」手術。待皮拉緊並固定好，還要用手指敲擊各個角落，確定不同位置的音頻都能平均，此時他又拿出一塊布墊在鼓面上，接著爬上去細蹬輕踩，只為反覆調整皮的鬆緊。當我們正為鼓皮能乘載一個成人重量而吃驚時，他又俐落地跳下地面，將踩出鬆軟度的鼓面重新繃緊。別看鼓長得大氣，做鼓實在是一種時間累積出來的細膩工藝，他笑著說道：「完成一顆鼓大概十幾天就ＯＫ了，但真正做的時間只有三分之一，剩下都在等；等它軟化、等它乾燥……過程都是漸進式的，它不能一次到位，我必須將鼓面一次又一次慢慢

滿牆懸掛的「家私」，皆是製鼓時不可或缺的工具。

撐開，所以要耗的時間很多。」

跨越現實重操舊業，傳遞手作溫度

現在台灣傳統手工製鼓業式微，原因並非沒有需求，而是遇到中國大陸市場競爭，以及原物料取得不易。目前市面上充斥很多中國大陸製造的鼓，由於人力成本低廉，價格幾乎是台灣的一半，但品質卻是良莠不齊。「我聽說目前在中國製鼓，常常有大筆訂單需要趕貨時，就把全村莊的人叫來幫忙。」因此有人技藝好、有人技藝差，不同買家就可能以相同價錢買到品質天差地遠的鼓。

而在台灣，鼓身用的木材、鼓面所需的牛皮，本地產量都逐年減少，轉而開始仰賴進口。所以現在中部廠商會先將進口木材製成鼓身，再賣給各個製鼓廠使用。張吉祥提到之前曾一度收起製鼓工作，主要就是因為原物料取得不易，才讓他萌生退意。「後來原是老客戶的謝十老師，將舊仁德糖廠整理成十鼓文化村，推廣鼓藝表演文化，我才又重新回流。」當時園區內另外規畫設置「清溪林製鼓廠」，便邀請張吉祥進駐，這也讓中間休息兩年的他，再度回歸製鼓生活，「這裡有很多國外團隊駐村演出，很新鮮！」不同文化透過鼓聲交會撞擊，再次激起了張吉祥的熱情。

機器量產和手工量身訂製的差別，現代人喜歡用「溫度」這個字眼做出區隔：「手作」

輕輕踩踏「按摩」過後，鼓面鬆緊度才得以平均。

總是比較有溫度，而溫度則來自工匠長年累積的工底與感受。聊著聊著，張吉祥開始在測試鼓音的動作裡，顯露出對鼓的情意：「鼓是一種泛音，與弦樂器不同。像吉他、鋼琴聲音都很小，尤其鋼琴的聲音是由一個點發出的，用調音器很好調。」但鼓就不同了，張吉祥彷彿聊的是他深交多年的老朋友：「鼓是一個面，一整面發出的聲音就是『泛音』，從鼓面的中心敲到邊緣，發出的音色是不一樣的，讓我敲給你聽聽看就知道。」接著他用同樣力道以手指在中心和鼓側敲出聲響，渾厚度與扎實感的差異迴盪出截然不同的趣味。「所以我們調音要用『同心圓』的規則去調，才能進一步測出它的鬆緊。這要憑經驗，沒有辦法靠機器。」張吉祥打趣地說，上次有個鼓手嘗試用儀器來調音，「調了半天，卻比耳朵還不可靠！」

沒人接班，那就做到不能再做為止

踏入製鼓這行最大的問題，張吉祥坦言無非是很難討到老婆！「因為大家都怕嫁給做鼓的人會餓死。我娶老婆之前，就有遇到這種狀況。」不過事實證明那是社會的偏見，除了偶爾趕製鼓較為忙碌之外，這行固定的工作時間、單純的內容和穩定收入，養家活口是絕對沒問題的，「我也順利和老婆栽培兩個女兒長大啦！」

而談到傳承，張吉祥坦言這行早期都是自己人接手，但由於製鼓過程費力且容易受傷，他覺得女孩子較不適合從事此途，因而不打女兒的主意，開始想從外界找有興趣的人接班。他也

精心製作的大鼓，煥發出恢弘氣勢。

提到過去一般人想學製鼓，很多師傅還不願意傳授，「從前是別人主動來找我們學藝，現在是我們打電話去求人還招不到半個學徒。」這叫人不禁好奇製鼓的門檻是否不易跨越？高中學美工出身的張吉祥，坦承這行除了要有持久性與熱忱之外，還需要一點美術底子，「至少要有美感、平衡感、懂對稱啊！稍微有點基礎，入門會比較簡單。」

過去他曾帶過兩位學徒，做一個月的待不住，做九個月的現在回去讀書，「我想他應該不會再來學了，都讀到研究所，還來學這幹嘛……」說是這麼說，雖然享受製鼓的一切，但面臨找不到學徒繼承，開朗的張師傅瞬間神情一變，難掩濃濃失望……看著桌上幾張不同國小的打鼓班訂單，他感慨著：「只要有人還想學打鼓，做鼓就可以繼續下去，但就怕沒有傳人呀！」

鼓在他的觀察中十分多變，製鼓程序上手之後，難免會浮現一再重複的乏味感；問起做了這麼久的工作會疲倦嗎？他坦言「累」是不可避免的：「但我覺得做鼓還是很有意思，每次我常常都會做到欲罷不能，反正現在也沒有人來接班，就只好繼續做下去，做到不能再做為止。」看張吉祥師傅在工作中找到平衡，不曾懷有厭倦、想放棄的念頭，不禁讓人想起赫拉巴爾在經典小說《過於喧囂的孤獨》裡，工作長達三十五年，仍要把慣常操作的壓力機買回家使用的主人翁。小說主角在壓縮廢棄紙類時，邊閱讀種種知識，再將書本回收處理；張師傅似乎也在每一座鼓的世界裡，品味人與鼓之間的情誼，再託付不同的音頻，將故事繼續訴說下去。

直到生命最後一刻，手工成就的鼓音並不喧囂，堅持完美工藝的心意絕不孤獨。（文／莊子沅）

最重要的小事 × 張吉祥

做任何事都要先學會耐煩，在一片繁雜工序中靜下心來、努力調整細節，絕對會找到「欲罷不能」的動力。

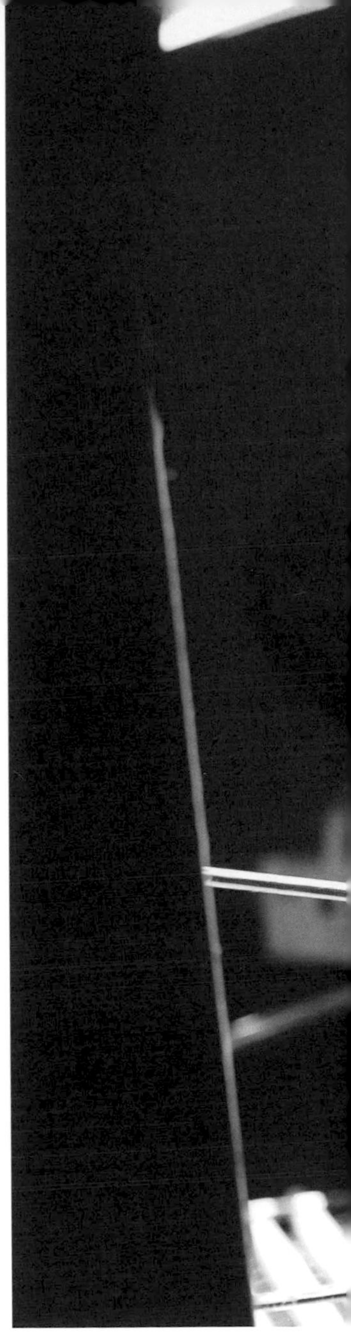

戲台上的文化守成

高雄皮影戲劇團

陳政宏

有些孩子在小時候就展露出表演天分，引起親友、同儕關注，但他們的表演欲並非來自本身肢體、神情的揣摩，而是透過「人偶」呈現。這些熱愛人偶表演藝術的孩子長大之後，大多會懷抱興趣，投入動輒轟動武林、驚動萬教的布袋戲團；「高雄皮影戲劇團」團長陳政宏，卻堅守在逐漸為台灣人所遺忘的皮影戲領域，不斷努力學習並與國外交流，他融合經驗展現台灣精神，演繹一則又一則光影交錯迷人的傳奇故事。

出生於南台灣離島小琉球的陳政宏，國小畢業後就來到高雄讀書求職，而後成家立業，經營起當鋪生意。就在他已逐漸遺忘童年深深著迷的布袋戲時，民國八十三年，卻偶然看見高雄縣岡山文化中心「皮影戲研習班」招生的訊息，彼時深埋心底的表演欲又開始蠢動，隨即開啟他再度說戲弄偶的契機。

與國際交流，燃起「改變」的初衷

聊起對台灣傳統皮影戲的印象，陳政宏發現戲偶的生命都只由一或二支操縱桿擺布，角色動作較為粗糙簡單。但透過研習交流，他對中國唐山皮影精湛而細膩的演出念念不忘：「他們的戲偶，每尊都有四到五支操縱桿，可以讓關節動作看來更流暢、更完整。我一直記得有個戲偶在哭泣的時候，抽動體態像是真人一樣的畫面，讓我感到很震撼！」

之後他因受邀參加中國國際皮影藝術節比賽暨交流，廣泛接觸世界各國皮影風格；「我一邊做演出一邊回頭思索，究竟要如何為台灣傳統皮影戲做出改變？」陳政宏在經過臨場觀摩之下，反覆琢磨，認為當務之急應提升戲台和戲偶的藝術價值，原本僵化的文、武戲腳本亦須融入更多創新元素，使其既貼近本土又能發展全新面貌，進而讓台灣皮影戲有機會在國際舞台上嶄露頭角。

全台皮影劇團已從全盛時期的兩、三百團到目前僅存的高雄四團，早期大多數劇團技藝不

上圖：民國九十一年陳政宏赴法國亞維儂藝術節表演。（陳政宏提供）

下圖：民國九十一年陳政宏創團「宏興閣」首演劇照。（陳政宏提供）

外傳。但「復興閣皮影戲劇團」許福能團長，他是曾榮獲「民族薪傳獎」之藝師，卻不藏私，樂於將功夫對外傳授，因此曾受邀至岡山皮影戲館開班教授皮影戲，陳政宏就是在那裡正式拜師，誠懇學藝，進而認真地熟悉前後場技藝。許老師辭世前，囑咐其傳承的重要性，於是陳政宏便在民國九十一年創立當時高雄第六個皮影劇團——「宏興閣」，並於一〇二年更名為「高雄皮影戲劇團」。

師事許福能期間，陳政宏亦曾跟隨他前往法國亞維儂藝術節等不同國家演出，不但奠定皮影藝術的基本功，同時也藉由國際演出經驗，萌生許多突破性的製作技術與詮釋手法。像是專精以「手刀」雕刻皮偶，創作出大型皮偶屏風陳列在高雄縣岡山皮影戲館，亦雕刻精緻的皮影戲扇子，命名為「吉祥神鍾魁扇」，隨文建會前進法國饋贈嘉賓，成功寫下文化外交的一頁。此外陳政宏也致力於教學推廣，研發專利標準型比賽戲台及紙偶ＤＩＹ研習卡，引導學生認識本土文化新趨勢，擅長運用互動遊戲，帶領大家進入皮猴的藝想世界，足跡遍布各校園，並曾多次榮獲「高雄縣、市傑出演藝團隊獎」、「中國唐山市最佳演出獎」、「創新扶植獎比賽第一名」、「金皮猴獎比賽第一名」等獎項。

發展原創劇本，力行皮影「精緻化」

「人講我　我袂疝，孔子廟邊學聖賢

經書讀了幾若遍，字若毋捌掀字典
拄著仔來去看鬧熱，才袂一箍槌槌閣癮癮～啊閣癮癮……」

目前仍為深耕台灣皮影戲文化而努力的陳團長，拿起平板分享幾支劇團演出的影片後，他便隨興所至，在燕巢鳳雄國小的教室念起這段趣味十足的「答嘴鼓」台詞；當時教室沒有具體舞台與戲偶，但他生動投入的神情，魔法似地召喚出在場每一個人的想像力，尤其搬演原創劇本《鯽仔魚欲娶某》劇目中，一小段鯽魚精登場、活靈活現的畫面，更不難想像，這齣曾經榮獲「金皮猴獎」第一名的皮影戲，現場演出是如何引起大、小朋友的熱烈反應！

「我始終不甘局限在千篇一律的經典戲碼中。」陳政宏早在創團之時，便以原創故事《日月潭傳奇》寫下新的里程碑。《日》劇使用皮影戲首創的「夜光戲偶」，去除舞台框架皮偶跳出影窗，讓身高有如幼稚園小朋友高度的大型戲偶以炫目螢光身影登場，金光閃閃，可說愈夜愈美麗；「我們特別強調操縱戲偶要細膩流暢，當一個角色轉身，能夠讓觀眾看不見操縱桿，戲偶行動自如，角色才會從平面變得立體，感動才能傳達出來。」除此之外，有別於其他劇團總是一組戲偶打天下，直到壞了才重新製作，團長也會比照電影導演特別選角定裝一般，因應不同故事量身打造專屬的戲偶。

「一齣戲要花上兩、三年的時間製作耶！戲偶打造過程不只是簡單描型、裁切與上色而已，而是要請畫師賦予精細好看的造型色彩。」看在傳統的劇團眼中，這些創新與堅持，難免淪為背離傳統精神或浪費時間的話柄，但也點出台灣皮影戲發展停滯已久的現象。然而陳政宏帶來這些革新，卻也逐漸在皮影文化圈內產生正面影響。「我觀察到其他劇團製作戲偶更加用心了，這是一件好事！」

提起自家搬演的皮影戲，陳政宏不斷強調還有很多進步空間，但在描述難忘演出經驗時，不免也閃現出自豪神情。「我們的《日月潭傳奇》推出後佳評如潮，民國九十五年曾至南投魚池鄉做公益演出活動。但演出當天，表演場館竟然無人接應……」回憶當時，他和團員只好利用等待空檔，在騎樓彩排起來；此刻場館對面人潮湧聚的歌唱比賽正在進行，待陳政宏一干人彩排不久，人潮竟紛紛往場館移動過來。連歌唱比賽現場長官也感到疑惑，好奇為何觀眾都散了，湊近劇團彩排現場一看，才驚訝連連地說：「這是皮影戲嗎？怎麼那麼好看？我們看過的皮影戲都不是這樣的耶！」官員們並為此次疏忽深感抱歉，馬上請場館人員開門迎接。這故事雖聽起來有些心酸，但也證明陳政宏已成功將台灣皮影戲帶到一個新境界。

大環境凋零，轉往教育扎根

但好景不常，偶戲受人肯定的一時風光，卻不敵大環境的時代變遷與衝擊。目前全國僅存四個皮影戲劇團，寂寥的數量娓娓道出這項表演藝術趨於式微，面對此般凋零現狀，政府單位近年力推皮影戲劇演出的數位典藏，並幫忙做推廣演出，亦邀請許多學者前來指導，希望能帶

上圖：獲獎劇作《鯽仔魚欲娶某》。（陳政宏提供）
下圖：陳政宏（右一）曾帶領團隊演出《日月潭傳奇》，榮獲高雄縣傑出演藝團隊。（陳政宏提供）

領傳統皮影戲轉型，以迎合當代潮流，但這些建議對劇團實際的幫助有限。「完全拋下傳統就不是皮影戲啦！」其實早在這些建言出現之前，陳政宏便透過積極對外交流，將新思維注入演出多年，並在獲邀海內、外表演時，屢屢受到觀眾的肯定。

不隨波逐流、一身傲骨的陳團長，對複雜的表演環境失望，所以在太太馬千惠協助之下，便更專注轉向教育平台，希望能將這門技藝往校園扎根，為本土文化盡棉薄之力。陳政宏目前在台南、高雄多所小學與國中任教，學子們專注的神情與笑容，便是他未來傳藝推廣的目標與動力。

然而皮影戲從業者通常都另謀工作討生活，僅在演出前聚集志同道合的親朋好友，利用業餘時間排練。陳家也不例外，除了馬千惠為了全力支持陳團長，結束當鋪事業之外，兩位女兒也不時加入演出行列；一家四口共同成全了台上的精采演出，在台下也正搬演一齣無聲卻溫暖的故事。

聊起兩位千金，陳政宏得意地說，日文系的大女兒曾榮獲日文演講比賽第一名，演出之餘亦曾擔任國中日文老師，有與生俱來的語言天分，對戲偶口白的詮釋別具風格。舞蹈系的小女兒為國小舞蹈兼任老師，曾赴香港、中國、新加坡各地演出，也是台灣少數杖頭偶*的執偶師，為戲偶編排出許多優美的動作身段；但陳政宏並不勉強她們接手劇團，畢竟女兒也有自己的人生要去開創。「走過二十個年頭，將來或許會一代更勝一代的經營下去，或許……再過不久就要因為找不到傳人而收團了。」他臉上閃過一絲落寞神情，對於曲藝即將熄燈，滿是數不盡的

*又稱為「撐竿偶」、「棒偶」，主要是以「棒子」來操控戲偶的行動。演員一手自戲偶下方握住主桿維持重心，另一手則操控其他兩根手桿表現戲偶的動作。

上圖：陳政宏曾帶領劇團至台南教養院演出，廣受大家歡迎。（陳政宏提供）

下圖：民國一〇三年九月，陳政宏赴綠島公館國小向小朋友推廣皮影戲文化。（陳政宏提供）

惆悵。

人生如戲，反之亦然；故事開頭以後，總要落得結尾。戲台上，陳政宏是一個力求把故事說精采的辯士，至於台下的人生，他也用鏗鏘有力的聲腔做出動人演繹。或許高雄皮影戲劇團有結束的一天，但在中小學童身上播下的文化種子，將繼續永遠傳唱下去。（文／莊子沅）

最重要的小事 × 陳政宏

任何創新都是立基於傳統精神之上，一旦全然否定傳統，那麼所有表演藝術也將面目全非了。

將台灣紅磚砌上國際建築舞台

砌磚冠軍

粘錦成

曾獲十大傑出青年的砌磚國手粘錦成，不僅是彰化師範大學附屬工業學校的教師，他二十多年前也畢業於此，成為從技職教育冒出頭的代表人物。現在，為了讓沒落多時卻台味十足的紅磚文化重登大雅之堂，他成立「磚家藝術工坊」，只為讓終生擁抱的砌磚技術，可以繼續傳承下去。

家中務農，從小在彰化長大的粘錦成，最熟悉的事物就是一望無際的稻田和紅磚砌成的三合院閩式建築。由於家貧不重視教育，粘錦成國中畢業後聯考落敗，對前途一片茫然，此時父親偶然在睡覺前聽到廣播電台的招生訊息：彰師大附工第一屆延長國民教育班即將招生，「我們就想先報先贏，反正不用考試，於是我就在十六歲那年成為延教班第一屆學生。」那年是民國七十七年，蘇聯從阿富汗撤軍，密特朗連任法國總統，而台灣本土意識因為爆發了五二〇事件，開始凝聚、壯大。

苦心研習砌磚技藝，做夢也在準備比賽！

粘錦成回憶當時上課情況：「氣氛很怪，這裡有很多中輟生來報名，形成了老師上課，學生卻在玩牌、跑出去打籃球的散漫情況。」但粘錦成也表示這是輔助就業的班級，目標不在升學，「但如果參加全國技能競賽，藉此得名，就可以保送升學了。」於是，擔心太年輕就業將來沒有念書機會，決定繼續升學的粘錦成參加了砌磚比賽，努力學習在台已斷層三十年的「清水磚工法」，終於成為第三十二屆國手，於一九九三年代表國家贏得國際技能競賽砌磚職類世界冠軍，成為第一位台灣奪冠者，甚至還得到保送，進入國立台灣師範大學工教系就讀。

「比賽前我都在做噩夢，怕自己來不及準備。驚醒後才發現時間還很多，因為比賽根本還沒開始……」原來，粘錦成太害怕成績不如預期，接下來不知怎麼走下去，所以決定不和周

上圖：一九九三年粘錦成（右三）代表台灣參與國際技能競賽砌磚職類，與各國好手一同競爭。（粘錦成提供）

下圖：粘錦成一九九三年獲得國際競賽砌磚類世界冠軍，開心與家人合影。（粘錦成提供）

遭同學一樣整天玩樂，反而把時間都花在砌磚練習，每天早出晚歸。「當時訓練的地方是鐵皮工廠廠房，雖然通風良好，卻有很多蚊子。」粘錦成苦學五年，也讓蚊子享受了五年的人肉大餐，他記憶猶新地說：「為了得名，我真的非常努力，努力到比賽過後一週還是噩夢連連！」

富含高鐵質陶土的紅磚（現俗稱「清水磚」）是古早台灣常見的建築材料。彼時城市二三層樓的典型「住商街屋」，都是由紅磚承重牆與木作樓板形塑而成，此外「合院」的形制，普遍是以一層樓高的紅磚承重牆，抬起木構屋架的斜屋頂，屋面為紅瓦與紅磚牆身。然而由於台灣是地震帶，隨著時代演進，鋼筋混凝土取代紅磚，過去慣用的建築工法不再施用，而且鋼筋水泥不像多孔隙紅磚，熱的傳導係數比較慢，不但冬暖夏涼，更能有效的節能減碳。由於建築工法是建築、天候、人工與自然的協商結果，所以當傳統磚造漸漸被工業化社會淘汰，粘錦成感到相當心痛。

慢工出細活，打造建築多樣貌

「八〇年代社會追求快速，使用『混水磚工法』的師傅（就是「磚面髒污」工法），雖然一天可做三千片磚，但他們用二等磚就算了，做起來還相當混亂，到處都是髒污且未能滿漿，這樣的結構體如何制震？」粘錦成分析，很多師傅認為水泥塗上以後，再經過粉刷就會看不見裡頭的細節，所以施工品質不會太講究：「這和我學的清水磚工法非常不同。我們要把磚塊風

紅磚所砌的外牆堅實又富美感，散發出濃郁的古樸氛圍。（粘錦成提供）

貌完整呈現，不管橫縫、豎縫都要做『勾縫』，灰縫不但滿漿，還得砌頭，更要在水泥未乾前，於橫豎縫採取刮除壓實平整的動作，讓縫有內凹感，也讓陰影層次更明顯，並選取厚實的一等磚，因為做工細緻所以成本較高、速度較慢，一天只能做三百片。」

磚塊要畫線、要疊砌、現場施工裁切，在在都要漫長時間與細微技術。「因為工法差異很大，為了品質精美，價錢可能相差七倍以上。」粘錦成加緊補充：「像『貼』和『砌』就是不同工法。」砌的立體感強烈，但為了追求速度，進入工業時代的台灣建築物外牆磁磚大多都是用貼的，無論二丁掛、文化石等牆面都是如此。這導致舊建築會在大地震、熱脹冷縮的歲月侵蝕後磁磚脫落，不但使外觀毀損，還會造成行人路過時可能發生無妄之災，和紅磚砌出來的厚重扎實、溫潤古樸非常不同。

砌磚工法其實源自歐洲，在雪花紛漫的國度，由於溫差很大，所以不管英、法、德、澳、荷蘭或義大利的百年建築，都以磚造及石構造為主。因為磚牆得以隔溼、隔熱，又兼具保暖效果，所以便由市場需求引領建築模式，在歐洲擁有世代傳承的砌磚工法，也有無數匠人累積的經驗和智慧。然而在台灣，砌磚技術卻遭遇斷層窘境，因為不符市場所需，年輕學子根本沒人肯學，就算學成，也會因無法維生而紛紛轉業……這讓粘錦成深深感悟到，傳統行業沒有市場支撐，技術根本無法傳承，多年教育最後形同浪費。

「看學生一個個無奈轉行，我真的很傷心，便開始思考如何幫他們未來鋪路。」是的，營造出市場需求，才能吸引學生加入，完成文化接軌的使命；於是，粘錦成努力讓紅磚不只是冰冷材質，而能走入生活，成為你我周遭的一部分。「我要讓磚塊可以有七十二變。創造出更多元化的產品。」

帶領學生發展新工法，「藝術化紅磚」成出路

民國九十二年，粘錦成決定成立「磚家藝術工坊」，身為老師的他，發現學生有天分，馬上帶他們接受集訓以及參加競賽，爾後進入團隊工作。粘錦成得意表示，「磚家」的團隊成員不到十位，全是二十多歲的年輕人，但已經有了第三十六屆（世界冠軍）、第三十九屆、第四十一屆國手，除此之外還培養出許多全國技能競賽金銀牌得主；果然名師出高徒，粘錦成靠自己的力量播種，雖然土壤不太肥沃，面積不大寬闊，但花開了，鮮甜的果子便長了出來。「紅磚是最代表台灣本土的產物，我既然學到這樣的技術，一定要傳承下去。希望能讓它成為台灣優良綠建築的一部分。」

此外，對紅磚的用法粘錦成也有新發明。為了讓砌磚被定位成「有尊嚴的藝術」，除了需要新思維，還要為舊素材研擬出新的工法！「我把一比一標準磚塊縮小八分之一，做成紅磚雕塑品，就是很美的桌上藝術了。」另外他又研發出縮小百分之一的紅磚，使之成為模型或積木，讓小朋友愛不釋手，「不但可以培養親子感情，還能使紅磚走入孩子的生活，往下扎根。」

粘錦成表示，他在臉書設有不公開社團，現在只要接到好案子，就會上網發出訊息，廣邀學生一起加入。有人笑他這種手工作業方式賺錢太慢，但他不怕，「因為我更在意能不能『建立口碑』。」他相信只要一步一腳印，就會口耳相傳，一切不求快，反是準備好比較重要，「要不然將來請我們施作的業主變多，我會找不到人手，就得把案子推掉了。」不過，粘錦成也提及今年會有大幅動作。果然，開始在媒體曝光的他，因為台灣在地文化重新受到重視，多年的堅持終於遇到伯樂，不但台中建築業主因為認同他們的工法，想進一步採用紅磚建築，此外聞名八方的「誠品行旅」也找他們參與，「通常愈高級的飯店愈會用高級材質，很少人使用紅磚，覺得這是鄉下產物，但誠品敢用，我想就因為這是在地文創的經典吧！」

這幾年來，受到「在地化就是全球化」的影響，台灣不少社區營造和校園美化砌磚造景，都是粘錦成堅持「紅磚藝術化」的傑作：例如苗栗縣苑裡鎮的山腳社區，牆面以紅磚砌成春耕圖、紅磚迷宮；還有台中市泰安國小校門的紅磚外牆造景；甚至彰化大村平和社區「農村再生」的水保局公共藝術，更曾被馬英九提名「十二大愛台建設」之一，此外含括林口頭湖國小的紅磚堡壘、大佳河濱公園的示範景點、新店捷運站車頭咖啡……等，這些來自四面八方的邀約，均讓粘錦成順利幫學生打開職涯大門。他深深體會一定要在市場受歡迎，這條紅磚之路才能走得更遠更穩健。但粘錦成的野心不止於此，「最困難的點，在於要如何透過紅磚產業重啟本土文化的希望。」

因此，粘錦成對學生要求很高，畢竟嚴師才能出高徒。「我不喜歡動作慢的學生，上檯面

上圖：作品「巴黎磚塔」。
（粘錦成提供）
下圖：作品「紅磚堡壘」。
（粘錦成提供）

就要有殺氣，要認為自己是最強的。」他強調一定得看到學生的企圖心，「當作品不入流，你做到流汗，我會嫌到流口水。」粘錦成坦言，只要學生達不到要求，必定要他們把作品拆掉。他認為不想得名就別參加，「所以如果沒有企圖心我就建議他們離開，不要浪費我的時間。」從來不聽恭維話的他表示，在太陽下絕不退場的學生才是可造之才，因為這樣的職業太令人感到疲憊，沒有付出、沒得名，就喪失了往後的出路。

粘錦成的指導老師曾對他說：「當了選手，一輩子都是選手。」剛開始粘錦成不以為意，還說得獎後再也不碰磚，沒想到後來到了任教單位，馬上手癢，一頭鑽進紅磚文化的世界，甚至發現這種古老技術需要巧思，也能將之藝術化，即使在建築領域很難用到，卻可以美化空間，多年努力終於讓他獲得「十大傑出青年」獎項。粘錦成驕傲表示：「要用自己的力量證明，沒落的紅磚文化正在復興。未來，紅磚將變成台灣的建築文化，走上國際建築舞台。」

（文／蔡怡芬）

最重要的小事 ╳ 粘錦成

無論學藝或比賽，「野心」是根本！擁有旺盛企圖心才能逼出自身潛能，一方面耐得住辛苦，一方面才能激發源源不絕的創意。

粘錦成用心培育「磚家藝術工坊」的學員，仔細為他們解說砌磚技術。

Allianz
安聯

保險界的福爾摩斯

安聯人壽管理部副理

熊維強

就像亞瑟米勒成名劇作《推銷員之死》裡面說的：「推銷員就得靠做夢活著」，對安聯人壽管理部副理熊維強來說，人因夢想而偉大，而多年來，永遠不放棄的執著和理念，讓他可以面對人生的陰晴月缺、潮起潮落，並繼續支撐在保險業三十年悠悠歲月。

熊維強在淡江大學念的就是保險系，大三時面對要走壽險還是產物險的抉擇時，因為喜歡接觸人而選擇前者，畢業後因緣際會到中國人壽保險公司擔任團體保險業務員，為了擴展業務，開始了「陌生拜訪」。腦子靈活的他，曾想方設法弄到外貿協會中華徵信所的工商名錄，得知了公司董事長和總經理的姓名和聯絡方式，便開始登門拜訪的生活。

變身福爾摩斯，聞嗅市場保險需求

業務員為開拓生意，得把自己當作偵探，懂得發掘客戶的蛛絲馬跡，因此市場嗅覺敏銳的熊維強，在中國人壽隔壁的中國信託入口，看到《中國時報》贈送給作家華嚴的花籃，馬上聯想到《中國時報》和中國信託有所關聯，便主動邀約中時主管見面，很快就拉到其中兩千名員工、中國生產力中心五百名員工的團保，這讓在中國人壽業績優秀的熊維強拿到ＭＶＰ，達成率相當驚人，高至535%。

「剛開始大家都認為團保是黃昏事業，因為要見到老闆實在困難。但我認為辦法是人想出來的，我一定能找到訣竅。」於是因開拓到《中國時報》這個客戶經驗，熊維強得以轉換到安聯人壽服務統一企業集團員工團體保險，而且也對集團員工家庭作個人保險需求規畫，這是招攬完成團保業務後，繼續提供員工福利保險諮詢的進階服務；因作業範圍都在辦公職場領域，所以就稱為「職域開拓」。當他開始深耕「職域開拓」，服務員工多達數萬人，便進而組織團

上圖：民國八十七年九月四日受邀演講，於台南紡織公司仁德廠產業工會勞工教育分享「為儲蓄養老投資」。（熊維強提供）

下圖：熊維強與同事感情非常好，圖為管理部同仁替熊維強慶生照。（熊維強提供）

愛打高爾夫球的熊維強，同樣把對工作的熱情放在運動上。不斷追求「罪差點」的他總是利用反覆練習讓自己更精進，一陣子過後，技術就好到可以當職業選手了，但過度投入的代價卻是打到身體受傷，得到高爾夫球肩。「我老婆總說我很勇敢，做什麼事都不輕易妥協。」不管是工作還是運動，熊維強對自己內心的理念始終堅持，為了加強專業能力，無論理賠人員證照或是核保人員證照，只要保險需要，他皆一應俱全。熊維強的學長，安聯人壽理賠部副總徐植萱便表示：「熊維強腦子轉得快、耐力驚人，為了加強外語能力，每天還都利用午休時間念英文！」因此他的多益分數馬上突飛猛進，從六百分進步至八百分。這便是不畏挑戰的熊維強；面對挫敗時，一般人尋找的是藉口，而熊維強選擇的，卻是改變。（文／蔡怡芬）

最重要的小事 ╳ 熊維強

挫敗的另一面，是進步的契機。如果能把握這機會改變自我、彌補不足的缺口，再大的失敗也會被拋在身後，那就沒什麼好怕的了！

下圖：熊維強（左一）回輔大分享讀書、就業心得。（熊維強提供）

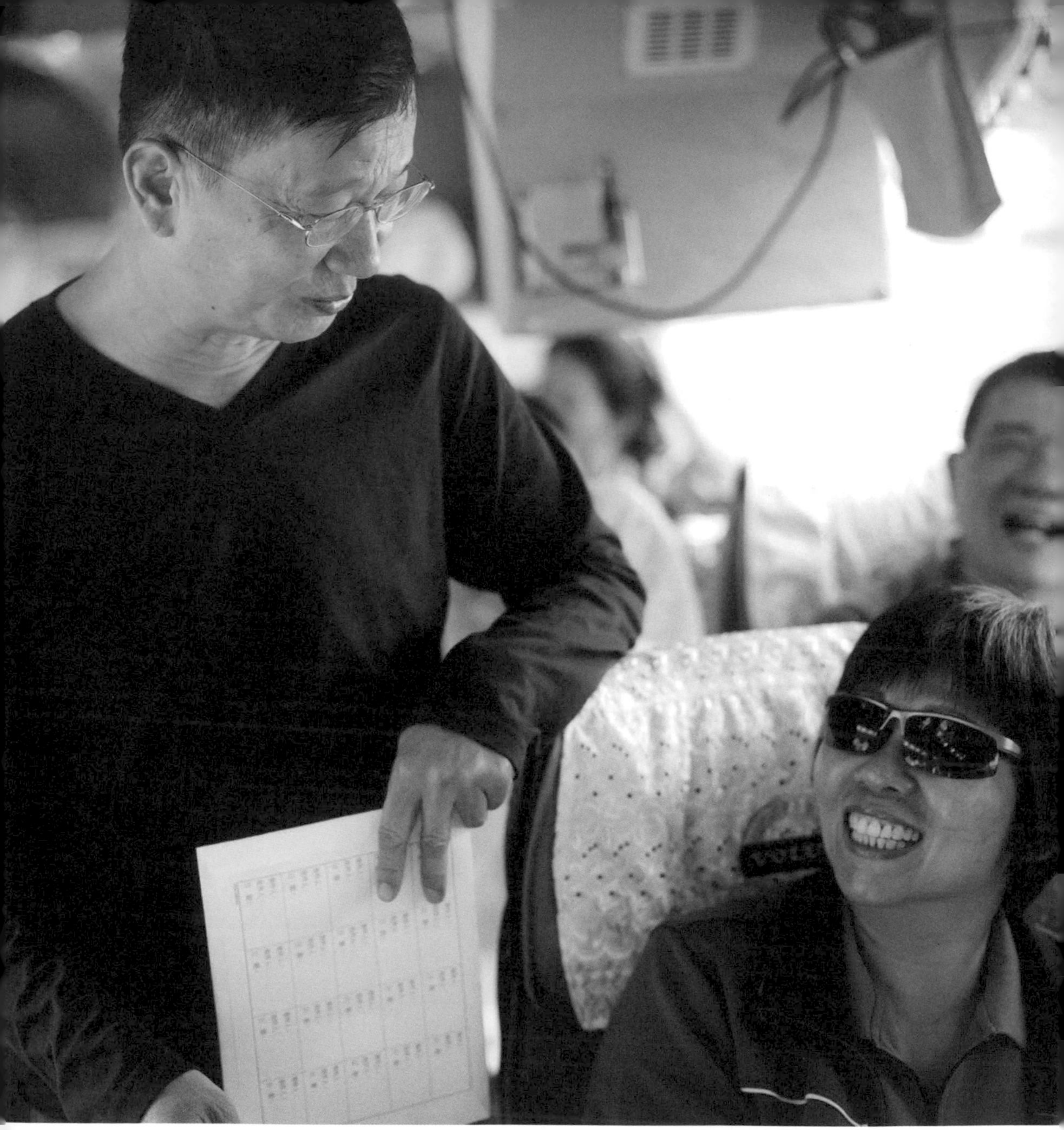

超越金錢的溫情傳遞

安聯人壽南區副總經理

陳展貴

有句名言這麼說：「你不能掌握生命的長度，卻能決定生命的厚度。」目前擔任「安聯人壽」南區副總經理的陳展貴，初次見面很難將他的書卷氣和壽險業者身分連在一起，言談中表現出的職業熱情與對陌生事物的新鮮感，也絲毫感覺不出一絲疲憊。兩小時對話裡，他分享了二十餘年壽險職涯的豐富閱歷；行有餘力的他總是不吝於工作之外投入各種公益、慈善活動，從中領略生命的奧祕，並累積出質感澄澈、紋理清晰的生命厚度。

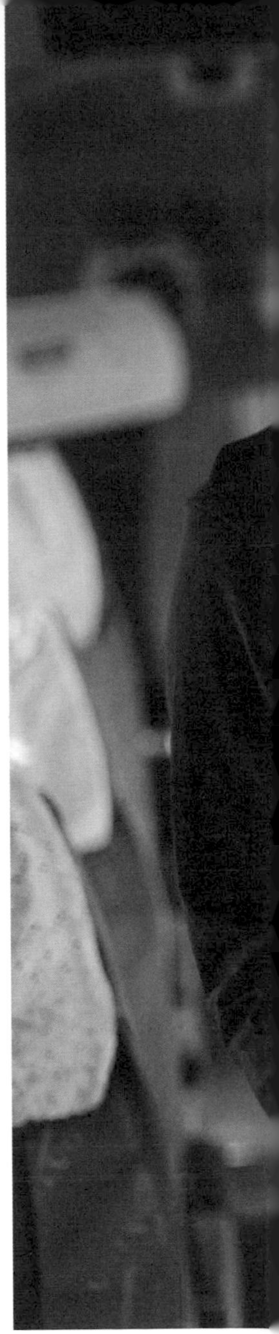

父母的身教，醞釀孩子助人的心

父母的言行舉措，是形塑陳展貴個人性格的關鍵。他出生於屏東內埔，幼年即看到父母時常和左鄰右舍互助合作，點滴印象落在孩子心裡，也默默種下助人為樂的種子。儘管家境並不寬裕，母親卻擁有典型客家婦女的堅毅精神，辛勤、無私地經營家的溫暖；擔任警察的父親更是鼓勵他們：「男孩子長大後就該出去闖，自己賺錢自己爽。」這樣的鼓勵，便時常讓他惦在心中，慢慢擘畫出現今大膽、自由做自己的人生格局。

什麼樣的生活才會令人快樂？大多數人的回答無非是工作、旅行、購物等選項，「但幫助別人，看到他人因為我的一點點付出而過得更好，是讓我最有成就感的事。」陳展貴坦言，這也是他放棄原本條件優渥穩定的藥師工作，在二十年前投入壽險業的原因。回想加入壽險業之初，他笑說：「進入這個行業，全世界的人都反對，只有一個人會看好，那就是賞識你並期待你加入的老闆。」

儘管面對親友不甚理解的眼光，他只想著同樣是幫助人群，藥師能做的事情還不夠多，唯有壽險業才能擁有更多資源，幫助更多的人，自此便毅然決然地轉換跑道。然而在壽險這行，「用保單換業績」是許多入行者的消極心態，「但我相信一張保單是一輩子的責任，維繫著一世情；這才是常保熱情的初衷」。聽起來雖像老掉牙的廣告台詞，但聊到幾個客戶在他轉換公司後仍時常維持聯繫，交流著比朋友更親密的情誼，會發現壽險業在他的見解、耕耘下，保障

上圖：陳展貴（左一）與父親（圖中）感情甚篤，爸爸樂於助人的個性也深深影響他至今。（陳展貴提供）

下圖：三十多歲時的陳展貴與家人出遊照。（陳展貴提供）

的是持續一生的關懷。

隨著工作日趨穩定，在保險之外他也親身實踐更多助人的可能。十幾年前，陳展貴與家人投入「中華民國心臟病兒童基金會」開始做公益，並每月固定捐款給需要相關醫療協助的孩子，進而逐步完成他回饋社會的心願。近年來更是不斷透過各種人脈，包括政府單位和其他社會企業，發起淨灘愛地球、探訪育幼院等公益活動。聊起這些事情，不喜歡將善行義舉掛在嘴邊的他，神色總帶有幾分謙遜；但實際上這些公益活動，都無聲卻具體地印證他的初衷——幫助更多的人，「尤其是藉由和員工、客戶的共同參與，還能拉近人與人的距離，讓壽險行業延伸出更多元豐富的價值。」

充飽電回返壽險業，積極落實銀髮關懷

陳展貴在兩年前加入安聯人壽，他說這實是自己人生意料之外的安排。原來看似一路順遂，沒有太大衝擊的職涯，卻很容易讓人在日復一日的工作循環中停滯。二〇一〇年，他曾經為自己生活的奔忙而感到疲倦與困惑，遂當機立斷為人生按下暫停鍵，給自己放了二至三年的長假去環遊世界，將不同國家的人文風情盡收眼底，也讓他有時間重新好好思考下一步。後來陳展貴意識到自己年近耳順，希望晚年不至於為兩個孩子造成巨大照護負擔，也常想起家鄉內埔孤單的獨居老人們，他開始想投身老人安養事業，企圖設立安養院機構，打造出可以妥善照

PETRONAS
PETRONAS
HONDA

顧獨身長者的環境。這一個新的念頭，也讓陳展貴尋回闊別已久的工作熱忱。

因為珍惜安聯人壽高層的器重，也看到公司在南區還未能建立完善的客戶關係與品牌能見度，他後來又再度回返熟悉的壽險業，從內勤角度出發，帶著安聯人壽在南區慢慢建立起口碑與知名度；就像是應了自己的貴人論：「有些人覺得自己一生當中沒遇到什麼貴人，但我認為只要有人跟你說過一句誠懇的建議，並且帶給你一些影響，這些人就是你的貴人。」他接受安聯人壽這位貴人的安排，也讓自己成為安聯人壽在南區發展的貴人。

重回壽險崗位，老人照養的心願也沒就此打住。向來熱心助人、投入公益不遺餘力的陳展貴，除了仍持續以公司名義和不同單位合作舉辦公益活動外，聊到未來將以父母之名成立「新亮文化基金會」，將助人為快樂之本做為世代傳承的美好時，他眼神閃動著熱情的光芒，「同時我也正籌畫故鄉內埔失親老人自力謀生的輔導計畫，讓這些長者可以學習製作花生豆腐、花生湯圓等道地客家風味，進行販售、自給自足，擁有充實的晚年生活。」陳展貴堅定地說著他的抱負和理想。

在工作之外，陳展貴也用開放的心態，安排同仁參與性質多元的講座：品酒、理財、健康、咖啡等課程應有盡有，除了能接觸更多生活面貌與專業知識，也是給予大家辛勤工作的回饋。透過靜態的閱讀分享會、動態的健走或淨山淨灘等活動，南區同仁累積出生命厚度並得到優良的客戶回應，就是他成就感的來源。

「想是問題，做是答案。輸在猶豫，贏在行動。」這十六字箴言，是陳展貴從未懷疑過的信念，也是他送給每位公司後進的祝福。工作體制內，他為許多客戶做有價的保險；工作體制外，他卻用心願為無數陌生人做無償的保障。他用行動說明，成功的價值原來不必建立在金錢、成就的追逐之上，不求聲名的造福人群、回饋社會，已是無法計價、什麼都比不上的人生目標。（文／莊子沅）

最重要的小事 × 陳展貴

追求財富、追求事業的成功，也不能忽略人與人之間的情感流動。要記住，所有的幸福，都來自人情的溫暖和體貼。

麥田文學
284

老字號與活水——二十個在傳承中最重要的小事

作　　者／蔡怡芬、莊子沅、佐渡守、陳承佑
責任編輯／林毓瑜、張桓瑋
校　　對／張桓瑋、陳瀅如、吳淑芳
國際版權／吳玲緯
行　　銷／陳麗雯　蘇莞婷
業　　務／李再星　陳玫潾　陳美燕　杻幸君
副總編輯／林秀梅
副總經理／陳瀅如
編輯總監／劉麗真
總 經 理／陳逸瑛
發 行 人／凃玉雲
出　　版／麥田出版
台北市104民生東路二段141號5樓
電話：(886)2-2500-7696 傳真：(886)2-2500-1966、2500-1967
發　　行／英屬蓋曼群島商家庭傳媒股份有限公司城邦分公司
台北市民生東路二段141號11樓
客服服務專線：(886)2-2500-7718、2500-7719
24小時傳真服務：(886)2-2500-1990、2500-1991
服務時間：週一至週五09:30-12:00．13:30-17:00
郵撥帳號：19863813　戶名：書虫股份有限公司
讀者服務信箱E-mail：service@readingclub.com.tw
麥田網址／http://ryefield.com.tw
香港發行所／城邦（香港）出版集團有限公司
香港灣仔駱克道193號東超商業中心1樓
電話：(852) 2508-6231　　傳真：(852) 2578-9337
E-mail：hkcite@biznetvigator.com
馬新發行所／城邦（馬新）出版集團【Cite(M)Sdn. Bhd.】
41, Jalan Radin Anum, Bandar Baru Sri Petaling,
57000 Kuala Lumpur, Malaysia.
電話：(603) 9057-8822　傳真：(603) 9057-6622
E-mail：cite@cite.com.my

設　　計／楊啟巽工作室
印　　刷／沐春行銷創意有限公司

2015年7月28日 初版一刷
定價／360元
ISBN 978-986-344-245-5

國家圖書館出版品預行編目(CIP)資料

老字號與活水：二十個在傳承中最重要的小事 / 蔡怡芬等作. -- 初版. -- 台北市：麥田出版：家庭傳媒城邦分司發行, 2015.07
面；　公分. -- (麥田文學；284)ISBN 978-986-344-245-5(平裝)1.台灣傳記 2.訪談
783.318　　104009944

老字號

與

活水

老字號
與
活水